名师课堂·教学研究与实践

以文育人

核心素养视角下的小学语文教育

齐 娟◎著

江苏大学出版社
JIANGSU UNIVERSITY PRESS
镇 江

图书在版编目(CIP)数据

以文育人 ：核心素养视角下的小学语文教育 / 齐娟著. -- 镇江 ：江苏大学出版社，2022.12
ISBN 978-7-5684-1891-1

Ⅰ. ①以… Ⅱ. ①齐… Ⅲ. ①小学语文课—教学研究 Ⅳ. ①G623.202

中国版本图书馆 CIP 数据核字(2022)第 227668 号

以文育人：核心素养视角下的小学语文教育
Yi Wen Yuren：Hexin Suyang Shijiao Xia de Xiaoxue Yuwen Jiaoyu

著　　者/齐　娟
责任编辑/夏　冰
出版发行/江苏大学出版社
地　　址/江苏省镇江市京口区学府路 301 号(邮编：212013)
电　　话/0511-84446464(传真)
网　　址/http://press.ujs.edu.cn
排　　版/镇江市江东印刷有限责任公司
印　　刷/镇江文苑制版印刷有限责任公司
开　　本/710 mm×1 000 mm　1/16
印　　张/13.75
字　　数/225 千字
版　　次/2022 年 12 月第 1 版
印　　次/2022 年 12 月第 1 次印刷
书　　号/ISBN 978-7-5684-1891-1
定　　价/58.00 元

前　言

《道德经》提出“大道至简”，我认为语文教学亦应如此！听、说、读、写是语文，字词、句篇是语文，思悟、辨赏是语文，语文教学理应在这些纯粹的语文元素中行进。立足语文教语文，用语文的形式教语文，这样的语文教学是“基于语文，更为了语文”的语文教学。

什么是语文？叶圣陶先生说得很清楚：“平时说的话叫口头语言，写在纸面上叫书面语言。语就是口头语言，文就是书面语言，把口头语言和书面语言连在一起说，就叫语文。”语文教学干什么？叶圣陶先生也说得非常明白：教会学生听说读写的本领。一句话，语文就是教会学生理解母语和运用母语。

在语文教学中如何提质增效？首先，我认为，要树立全面的教育质量观和正确的教育政绩观，以此引领教育事业科学持续发展。我们要通过思想观念大讨论树立起符合教育规律和时代要求的教育质量观。既要重视教的质量，又要重视学的质量。教学是师生共同参与的一种双边活动，教学过程是学生在教师的帮助指导下获得发展的过程。教师在教学活动中发挥着主导作用，学生是教学活动的主体；教师的作用在于引导学生主动地学习，主动地发现知识、获取知识，从而使学生得以全面发展。因此，评价教学质量在更大意义上应该看学的质量。当然，学的质量的提高离不开教的质量的提高，两者是紧密联系、不可分割的。教的质量应该从两个方面去考虑：一是教师能否按学科自身的规律对教学内容做有效的编排整合，并以符合学生认知规律的方式呈现给学生，这是狭义的，也是传统意义上的教的质量；二是教师能否有效地指导学生主动学习，教给学生正确的学习方法，教会学生学习，教会学生发现，这是信息时代教育的更为迫切的任务。学的质量应当包括学生所获得的知识体系（包括知识结构、宽度、深度等)，学生获得知识的效率，学生智能的发展（尤其是学习能力、创新能力的提高)，学生身心综合素质的发展。

这些年，我一直从事小学语文教育工作，在本书中，我结合个人的理解和新的教学理念，紧扣语文要素，从识字教学、写字教学、词语教学、口语交际教学、阅读教学、写作教学及创新素养培养几大方面，谈谈我在教学实践中的一些做法，希望能就教于各位同行和专家。随着“双减”的落地实施，小学语文教育面临着新的机遇和挑战。如何落实“双减”，打造高效课堂，减轻学生作业负担，是当前值得教师深入思考的问题。在以后的工作中，我将基于“双减”背景理清打造高效课堂的思路，积极探索“双减”背景下小学语文高效课堂构建策略和有效的教学方法，促进学生认知水平和学习能力的不断提升。

目录

第一辑　识字写字教学策略　001
趣味识字在教学中的应用　003
多元识字方法的探究　006
浅谈识字与写字教学的意义　010
小学语文识字教学的有效策略　014
如何提高识字效率　017
如何调动小学生的识字兴趣　021
让识字教学百花齐放　024
写字教学中学生良好品质的培养　029
当前中小学写字教学中存在的主要问题及其对策　031

第二辑　词语教学和口语交际训练策略　035
让词语教学走进学生的心灵　037
小学语文词语教学策略浅议　043
小学语文词语教学实践探究　046
如何进行小学语文词语教学　052
激活词语，激发学生学习词语的兴趣　057
创设情境，提高学生口语交际能力　060
小学低年级语文看图说话写话教学的策略　065

第三辑　阅读教学策略　069
突出主线，让阅读灵动飞扬　071
小学语文课堂阅读教学中“读”的策略　075
关于小学语文课堂阅读教学的调查报告　082
浅谈阅读教学改革　093
提高农村小学生课外阅读能力的有效方法　097
农村留守儿童课外阅读存在的问题及相应对策　102
阅读教学中存在的问题及解决对策　108
农村留守儿童课外阅读指导教学案例　111
小学生独立阅读能力的培养策略　116
提高学生阅读能力的有效途径　119
善于抓学生特点有利于提高阅读教学质量　121
“以读为本”的快乐阅读教学法探究　124
怎样教育孩子阅读　128
探析小学语文阅读教学中学生核心素养的培养　131
教给学生阅读的方法和技巧　134
在阅读教学中培养学生感悟语言文字能力的方法　138

第四辑　写作教学探索　143
作文教学方法初探　145
浅谈作文教学中学生创新思维的培养　151
作文教学之我见　154
生活情境下的小学语文作文教学　157
提高小学语文作文教学的方法与技巧　162
作文教学中学生写作素材重在积累　167

第五辑　创新素养培养　169
如何运用新课程标准指导当前小学语文教学　171
核心素养视角下的小学语文教学策略　175

到底如何才能上好语文课　179
激励性评价语言在课堂教学中的魅力　182
谈谈教学中学生“情感态度与价值观”的引导　187
用爱点燃“问题学生”的心灵　191
用“心”谱写爱的乐曲　194
让学生在赏识、期待中前行
——浅谈班主任人格魅力对学生的教育作用　198
浅谈一年级新生入学教育　202
信息技术在小学语文教学中的魅力　208

第一辑

识字写字教学策略

引论

识字是小学语文教学的重要内容之一，是学生从运用口头语言过渡到运用书面语言的桥梁。《义务教育语文课程标准（2022 年版）》对我国义务教育阶段识字教学提出了更新、更科学的教学目标，这些目标既积淀了我国传统识字教学的宝贵经验，又体现了现代教育的最新理念，是我们走进新课程、提高识字教学质量的新航标，是使用新教材、提高识字教学效率的新途径。我们很有必要在新的教学理念指引下，积极探索省时高效的识字教学方法，切实培养学生自主识字的能力，还识字教学以精彩。同时，识字教学质量关系到小学生的听、说、读、写能力的发展。识字教学一方面应从培养学生的识字兴趣入手，改进课堂教学方法和策略，让学生在课内打好识字基础；另一方面应采用多种方法，进行课外巩固，注重提高学生自主识字的能力，这样才有利于学生尽快完成识字任务。

提升汉字书写水平是提高民族素质的一个重要方面。因此，语文教师在思想上要对写字给予足够重视，把写字教学作为语文教学的重要组成部分。写字教学是一种创造艺术的教学，教师只有用心地教学，才可以打开写字教学的大门。“写好中国字，做好中国人”，写字教学还承担着育人的重任。小学语文的写字教学是语文教学中的重要组成部分，教师在教学中要多花心思、多想办法，多角度提高写字教学质量。

趣味识字在教学中的应用

识字是学生学习语文的基础，是学生进行阅读与理解的必备能力。然而，在识字教学中，一些教师的教学手段较为单一，导致课堂的学习气氛较为沉闷，严重挫伤了学生的学习积极性。本文主要围绕趣味识字在教学中的应用进行探析。

一、情境教学——激发学生的识字兴趣

在学生的学习过程中，情境教学法可以将学生带入特定的情境之中，进而增强学生的感官体验。例如，在识字教学中，教师可以采用多媒体教学法来激发学生的学习兴趣。小学生大多对图片和动画片非常喜爱，多媒体教学法受到小学生的普遍欢迎。如果教师在识字教学中常采用多媒体教学法，学生就会更加积极主动地参与到教学活动之中。如在让学生认识“山”“人”等字时，教师可以先用多媒体呈现大山和人的图片，让学生去猜测这是什么字。通过观看图片，学生能够一目了然地知道这是“山”字和“人”字。接下来，教师还可以准备其他一些字的实物图片，让学生去猜测这些字有可能是什么字，这样学生的探究欲望就能得到充分的调动，就会让学生觉得原来识字是这么有趣。

又如在学习“休”字时，教师可以创设一个相应的情境，然后用动画视频的方式展现到学生的面前。例如：“在炎热的夏天，一个农民伯伯在田里干活，他又累又热，他此时最想干什么呢？此时，农民伯伯就在旁边，他在干吗呢？”当学生看了动画视频之后，就会纷纷回答这个农民伯伯在树下休息。接下来教师顺势在黑板上写下“休”字，然后引导学生去认识“休”字左边的单人旁就是指这个农民伯伯，“休”字就是一个人靠着树木

休息的意思。这样一来，通过形象性的记忆，学生的学习兴趣就会得到激发，学习汉字的能力也会得到较大的提升。

二、游戏教学——激发学生的参与热情

在识字教学中，只有学生主动地参与到教学活动之中，他们的学习效率才会得到提升。而小学生对于游戏大多是非常喜爱的，所以通过游戏教学法能够调动学生的学习欲望，激发他们的参与热情。如，教师可以通过猜字谜的游戏来进行识字教学，这种方法能够帮助学生快速识字。如“千条万条银丝线，掉在水中看不见”，请学生打一字，那么学生经过思考讨论，就会知道这是一个“雨”字。又如，“旭日东升，鸿鸟飞去”，请学生打一个地名。这个谜底有可能学生一时间猜不出来，这时教师可以进行相应的引导，来让学生找到问题的答案。教师除了自己设计一些字谜，也可以让学生自己去准备一些字谜，然后互相考考对方，这样就能够使课堂的学习气氛变得更加活跃，不仅对提升学生的思维能力有着重要的作用，而且在一定程度上培养了学生的交流沟通能力。

三、创编故事——帮助学生记忆汉字

汉字不仅数量繁多，而且许多汉字的字形非常接近，这给学生的学习带来了一定的困扰。学生在面对一些相似的字时，容易混淆。针对这种情况，教师可以创编相应的故事，来帮助他们区分这些形近字。我们知道，小学生对故事都非常偏爱，故事教学法能使识字教学变得更有趣味，进而提升学生的汉字识字能力。例如，学生在学习“乌”和“鸟”时，很难区分清楚这两个字。教师就可以说乌鸦的羽毛太黑了，所以人们很难看清它的眼睛。“丶”表示眼睛，没有“丶”的就是“乌”字，而有“丶”的就是“鸟”字。这样，学生就能够很好地区分这两个字。

四、归类教学——提高学生的记忆能力

在识字教学过程中，归类教学能够帮助学生更好地识字，从而提高学生的汉字学习能力。例如，教师可以将与身体有关的字进行归类，或者将

与五官有关的字归为一类，还可以将与水果有关的字归为一类，这样就能够提高学生的记忆能力。这种方法与传统的汉字板书教学法相比无疑更加有趣，对学生的汉字记忆有着重要的帮助。此外，教师还可以对“日月星”“天地人”“五味”“六畜”等进行归类。这样一来，学生的思路就会更加开阔，他们对汉字的学习也就会更加感兴趣。

五、结语

综上所述，在小学语文教学中，教师要改变传统单一的教学方式，要通过趣味识字教学的方法来帮助学生认识汉字、学习汉字，这样才能够激发学生的学习兴趣，提高学生的汉字学习能力。如利用情境教学法为学生营造一个具体的情境，以加深学生对汉字的理解；利用游戏教学法来调动学生的参与热情，使他们主动地参与到教学活动之中；利用故事教学法让学生在听故事的过程中认识汉字，区别汉字中的形近字。这样一来，课堂的教学效率就会得到提升，从而为学生今后的语文学习打下坚实的基础。

多元识字方法的探究

在整个小学阶段，低年级是识字量最大的阶段。低年级学生虽然学得快，但是忘得也快。如果沿用“老师讲，学生学”的传统方式让学生死记硬背、被动学习，学生就会感到单调乏味。因此，教师应该从培养学生的学习兴趣入手，灵活运用多种方法组织教学，这样才能达到《义务教育语文课程标准（2022 年版）》提出的识字要求。在实际的教育教学中，笔者主要尝试用以下几种方法来进行识字教学。

一、游戏识字，激发兴趣

由于低年级学生的注意力易分散，注意力集中的时间较短，再加上识字本身具有一定的难度，因此如果整节课都以“填鸭式”的方式来组织教学，就会令学生感到乏味，甚至产生厌学的情绪。教师如果能在教学中穿插一些游戏，使每个学生都能积极参与其中，就不但能培养学生的思维能力，使师生关系更加融洽，而且能使学生享受到学习的喜悦，获得成功的满足感。

1. 图像记忆法

比如在教学“山”“田”“石”“火”等象形字的时候，笔者就准备了相关图片，便于学生通过一幅幅的画面来想象字的形状，让学生观察这些图片与我们生活中的哪些字相似，激起学生的兴趣及注意力。

2. “游乐园”识字

兴趣是最好的老师。因此，在备课或制作课件时，教师可根据不同的教学内容设计不同的识字游戏，如在苹果树上摘字宝宝、夺灯笼识字、登山摘红旗识字、火眼金睛识字、青蛙过河识字、开火车比赛识字等。教师可以让学生来读，读对的学生就能摘到一个苹果或得到一颗星星等，让学生产生收获的喜悦。若学生读错了，就让其他同学及时纠正。这样就把一节枯燥乏味的识字课变成了一节轻松愉快的游戏课，真正让学生体验到了玩中求学、学中取乐的效果。

3. 字形比较法

在进行课文生字教学时，教师要选择一些同音异形的字或一些字形结构相同的字，有意识地引导学生进行比较，以加深学生对汉字形、义的理解。如在进行"日"和"目"识字教学时，教师可以这样引导："日"就是太阳，太阳只有一个，所以口的中间只有一横；"目"是眼睛，每个人都有两只眼睛，所以口的中间有两横。又如在进行"渴"和"喝"识字教学时，教师可以这样引导：口渴了最想得到水喝，因此，"渴"字的左半部分是三点水；"喝"要用嘴，因此是"口"字旁。如"卖"和"买"，多了"十"就卖，少了"十"就买。不知不觉中，孩子们就把所学的生字轻而易举地记住了，而且心里充满了成功的喜悦。

4. 手拉手找朋友

在新课教学中，如果生字较多，字形、字音较复杂，可选择一些同音异形、平翘舌音、前后鼻音、二三声难区分的字让学生读后手拉手找朋友。这样学生既巩固了知识，又找到了学习上的伙伴，心里得到了满足，也充满了兴趣和喜悦。

5. 编字谜

猜谜语是学生比较喜欢的一种活动，它不仅能活跃课堂气氛，还能满足学生的好奇心，训练学生的思维，也是一种比较好的识字方法。刚开始，教师可以根据一些简单的字编字谜，让学生在记忆的同时提高学习的兴趣。渐渐地，学生就学会根据字的形状试着编字谜了。如根据"金"字编字谜：一个姓王的人，一边包里放了一块糖。根据"棉"字编字谜：一根木头旁边放着一条白色的围巾。根据"赞"字编字谜：两个先生坐在一个贝壳上，一人坐一半，左边的先生比较谦让，把脚收了起来，留了一半给右边的先生，学生在写"赞"字时就知道第一个"先"字的最后一笔要变笔。一口咬断牛尾巴，就是“告”字。有趣的谜语能激发学生学习生字的兴趣，使他们在快乐中识字，而且久记难忘。

6. 汉字加减法

汉字加减法即让学生把算术中学到的加减法迁移到识字中来，对已学过的熟悉的汉字进行笔画的添减得出要学的生字。这种识字方法很受孩子们喜欢，可分为两种。一是用简单的字加一两笔或减一两笔变成新字，如“大”字加一点可变成“太”“犬”，“生”字减一笔就是“牛”，“日”字加一笔可变成“白”“田”“目”“电”“旦”“旧”“由”“申”“甲”字。如“口”字加两笔可变成“只”“古”“石”“另”“可”“加”“叶”“号”等字。二是以熟悉的汉字互相加一加、减一减、换一换的方式来学习新字。如“青”字加偏旁可变成“晴”“睛”“情”“精”“清”等字。如把“波”字的三点水换成石字旁就是“破”，把“住”字的单人旁换成木字旁就是“柱”。这样，学生可以举一反三、触类旁通，认识更多的汉字。

二、主动识字，自主识字

教师教学生识字，实际上只是识字教学的开始，关键是要教给学生识字的方法，教给学生识字的技巧，让学生由“要我学”变成“我要学”。只有调动学生的识字兴趣，培养学生自主识字的本领，才能让学生体会到成功的快乐，达到识字教学的效果。自主识字就是让学生自由选择愿意识记的汉字，自由选择不同的方法来记住字形。例如，在识字教学中，笔者先用课件出示一课的生字，用几分钟的时间让学生自由地读、记，看自己最先记住哪些生字，是用什么方法记住的。也可提醒同学们要注意哪些地方（可以是拼音，可以是书写要注意的地方，也可以是形近字的区别），当学生说出来后，笔者会及时给予鼓励，学生听了，就会获得成功的愉悦，从而增强自主识字的信心，自主识字的愿望也会更加强烈。比如，在教“凌”字时，有同学说自己是吃冰激凌时认识的，也有的说是在电视上认识的，还有的说班上有同学的名字中就包含此字，等等。其他学生也会受到自主识字的启发，在今后的生活中更加注重观察、积累。

三、在实践中识字，增长知识

教师应从学生的生活实际出发，从学生的兴趣出发，开展实践活动，采取模拟、创设情境的办法让学生识字。如举办“识字小达人比赛”（教师课前搜集一些文章、电视剧台词、广告词等，对学生进行测试，在规定时间里识字最多者为“识字小达人”）、“自制识字册”（学生一人准备一个本子，把每天认识的生字记下来，期末进行评比，看谁认的字最多、最难）等活动，这样，学生不管是出门游玩还是在家看电视，不管是对产品说明书还是路牌等都会更加留意，也为后面的口语交际和看图写话打好基础。

四、在快乐中巩固，在快乐中提高

低年级学生识字虽学得快，但忘得也快，识字回生的现象相当普遍，其实这也是一种正常的心理过程。教师在帮助学生复习巩固所学字词的过程中，不能让学生机械重复、死记硬背，而要具体问题具体分析。如在布置学生生字抄写作业时，如果一课的生字太多，就可让学生把自己不会写的或容易写错的多写几遍，会写的可少写甚至不写。这样既减轻了学生的课业负担，又达到了巩固提高的效果。

总之，识字教学具有一定的趣味性和科学性，采用不同的教学方法会收到不同的教学效果。因此，教师要充分发挥主导作用，从以学生为主体的实际出发，给学生创造一种欢乐、民主、有趣的学习氛围，让学生用微笑迎接每天的每一个生字，使枯燥的识字教学成为培养学生的发现兴趣和探索热情的沃土。

浅谈识字与写字教学的意义

识字与写字教育在我国教育史上占有重要地位。《义务教育语文课程标准（2022年版）》明确指出：“识字与写字是阅读和写作的基础，是第一学段的教学重点，也是贯串整个义务教育阶段的重要教学内容。”从这一句话中，我们能体会到识字与写字教学的意义和识字与写字教学在语文教学中的地位。

一、识字与写字教学的目标定位

《义务教育语文课程标准（2022年版）》在总目标和学段目标中都明确提出了识字与写字的要求。课标要求第一学段（1~2年级）要让孩子喜欢学习汉字，有主动识字、写字的愿望；认识常用汉字1600个左右，其中800个左右会写；掌握汉字的基本笔画和常用的偏旁部首，能按基本的笔顺规则用硬笔写字，注意间架结构，初步感受汉字的形体美；努力养成良好的写字习惯，写字姿势正确，书写规范、端正、整洁。第二学段（3~4年级）要让孩子养成主动识字的习惯；累计认识常用汉字2500个左右，其中1600个左右会写；有初步的独立识字能力；能用硬笔熟练地书写正楷字；用毛笔临摹正楷字帖。第三学段（5~6年级）要让孩子有较强的独立识字能力；累计认识常用汉字3000个左右，其中2500个左右会写；硬笔书写楷书，行款整齐，力求美观，有一定的速度；能用毛笔书写楷书，在书写中体会汉字的优美。

二、识字教学策略

识字课教学可以采用以下几种形式：认一认、读一读，词串识字，看图会意识字，偏旁比较识字，随课文识字。

1. 认一认、读一读

一年级的孩子初次接触到语文课本，会使他们产生新鲜感，产生热切的学习渴望。大量的观察和调查表明：在儿童的学前生活中，他们已经通过各种渠道或多或少地认识了一些汉字。

2. 词串识字

（1）“词串识字”的界定。“词串识字”将孤立的汉字置于具体的语言环境之中，使其成为合辙押韵的“韵文”。“词串识字”往往围绕一个中心，串联起一组有内在联系的词语，用来表现某个画面、场面、意境等，让儿童能借助韵文的形式和韵文的情境及“情境图”来识字。

（2）“词串识字”的功能。总的来讲，“词串识字”有一专多能的特点。① 识字功能。这是设计组织“词串识字”的主要功能，即帮助学生识字。② 认知功能。由于“词串识字”的设计与实际生活紧密联系，还配上了形象、具体的“情境图”，“词串”里的词语与图中的事物一一对应，因此，学生不但可以借助图画识字，而且可以认识事物，提高认知水平。③ 审美功能。孩子在诵读词串时，脑海里出现的或是一个优美的情境，或是一个幽雅的意境，或是一个生动的场景；耳畔就会感受到“词串”的鲜明节奏所带来的音乐美。他们的精神世界会受到一种陶冶，变得更加丰富。④ 铺垫功能。由于词串合辙押韵，学生读几遍就可以记住，易于形成积累，有利于向阅读过渡。

3. 看图会意识字

汉字不是简单的书写或记录符号，而是一幅幅画、一个个故事，汉字凝聚着先人的智慧，蕴含着丰富的文化信息。① 抓住联系，学习词语。借助汉语拼音认读生字（词语），并与插图中的事物挂钩。② 诵读韵文，巩固生字。诵读随后出现的韵文，巩固对生字（词语）的认读成果。③ 描红仿影，练写生字。仔细观察课后田字格中的生字，认真读帖、描红、仿影，练写生字。

4. 偏旁比较识字

形近偏旁比较识字，通过对一组合体字近似偏旁的辨析与比较，初步了解有关偏旁的表意功能，重在引导学生区分易于混淆的偏旁。教师可以每课安排两组易于混淆的偏旁来引导学生进行比较识字。

5. 随课文识字

识字教学不能孤立进行，必须与阅读同步。识字水平要在语言的实践交流中延伸发展，在具体的语言情境中才能有效地提高。面广量大的“随课文识字”是识字教学中的重头戏，在阅读教学中进行识字与写字的教学，必须正确处理“识字”“读书”“写字”三者的关系，坚持“寓识于读”“以识促读”“识写结合”的做法，力求学生三方面能力的同步发展。

三、写字教学注意点

写字教学，尤其是低年级写字教学，在小学阅读教学中具有举足轻重的地位。下面，笔者结合自己的教学实践，谈几点对写字教学的认识和做法。

1. 从从容容，确保写字的时间

我们经常发现，在一些低年级的语文课上，写的环节不见了踪影。甚至有些示范课也只在临下课前的 3 分钟安排写字教学，往往是蜻蜓点水似的，或是“光说不练”。教师在教学中应留出写字教学的时间，让学生掌握写字的技巧和要领。

2. 教给技巧，重视书写的指导

要让学生写出一手漂亮的好字，教师的指导是至关重要的。怎样指导?可以从以下几个方面着手。① 学写笔画，夯实基础。一年级学写生字前，在学生认识基本笔画的同时，就要对学生进行笔画的书写指导，让学生打下扎实的基本功，为写好字开一个好头。② 注重“读字”，整体把握。对于一年级第一学期的学生而言，写字才刚起步，教师应充分运用“田字格”，指导学生观察所写的字是由哪几个部分构成的，注意各部分在田字格里的占位。

3. 规范姿势，培养良好的习惯

培养学生正确的写字姿势与良好的书写习惯，是小学写字教学的一项重要内容，也是保护儿童身体健康的重要条件。

总之，开展识字写字教学是小学语文教学中的重点和难点。为了帮助学生牢记汉字内容，引导学生从会学到自主学习，在识字写字教学阶段，教师需要通过阅读加以渗透，在注重知识传递的同时，关注学生的学习体验，以培养学生的学习兴趣，调动学生的学习积极性，让学生在一个相对和谐的氛围中识字写字，并开始自主识字写字。当学生的知识变得越来越扎实时，学生也会得到更大的发展和提升。

小学语文识字教学的有效策略

众所周知，语文学科在素质教育中具有基础性的重要地位，不仅要教授学生语言文化知识，而且要让学生明白为人处世的道理，从而形成积极向上的人生观、价值观，成为对国家、对社会有用的人才。识字教学是语文教学的首要环节，教师需要根据学生的心理特点制定系统、完善的教学策略，向学生展示识字的趣味性，调动学生的主观能动性，使学生踊跃参与到教学活动中，并自觉树立远大的学习目标，以提高语文识字教学的实效性。

一、小学语文识字教学的重要性

小学生天真烂漫，好奇心强，容易受到新鲜事物的吸引，无法长时间保持注意力集中。尤其对于刚步入小学阶段的孩子来说，他们难免会不知所措，思维极易发散，无法专心投入到学习中。再加上以往教师在识字教学中采用的教学模式比较固定，只是强制性地要求学生记忆汉字的读音和写法，无法引起学生的学习兴趣，致使语文识字教学质量始终无法得到有效的提高。实际上，识字教学是小学语文教学的基础，只有认识汉字，学生才能独立阅读文章，否则学生的自主学习只能沦为一纸空谈。同时，教师在教导学生识字时还应讲解我国的民族文化，让学生了解汉字的演变过程，借以培养学生的爱国情怀和高尚情操，从而达到素质教育的目标。因此，识字教学在整个语文教学活动中具有至关重要的地位。

二、小学语文识字教学的有效策略

1. 培养学生的识字兴趣

兴趣是最好的老师，学生的学习动力大多来源于兴趣，在兴趣的驱动下学生会主动配合教师的教学工作，同时保持较高的积极性和参与热情，大脑思维也会处于活跃状态，能够紧紧跟随教师的思路，在此情况下语文识字教学的效率和质量都能得到显著提高。要想激发学生的识字兴趣，教师要根据其心理特点制定教学方案。比如，学生比较喜欢唱歌和做游戏，以往为了保持课堂纪律，教师很少组织此类活动，如今为了激发学生的兴趣，教师可以有计划地开展益智类的教学活动，激发学生的思维，调动他们的学习热情。教师可以让热爱唱歌的学生在班级内演唱音乐课上新学的歌曲，其他学生在黑板上填词，比一比哪个学生写得最快、最准确。可以将课本中的汉字做成卡片，与学生一起玩卡片游戏，学生抽到哪个卡片就要念出卡片上汉字的读音。还可以和学生玩词语接龙的游戏，先由教师说出一个词语，然后让学生根据词语的最后一个字组词，如：喜欢—欢乐—乐意—意思—思想—想法，如果学生在规定的时间内没有成功组词或者组词不当，就为大家表演节目。上述这些教学方法在语文识字教学中较为常见，取得的效果也十分显著。教师应采用多样化的教学方法，给予学生新鲜感，引起学生的好奇心，这样学生就会积极踊跃地参与进来，教学也会事半功倍。

2. 注重汉字的积累总结

汉字的学习不是一蹴而就的，需要长时间的积累和总结，仅凭短暂的课堂学习是远远不够的，学生更需要形成良好的学习态度，在课下经常练习。教师应教授学生识字的技巧和方法，通过课外阅读来扩大学生的词汇量，拓展学生的知识面。学生遇到不懂的汉字时应立即记录下来，主动请教教师或同学，这样才能快速提高语文素养。同时，教师选择的课外读物应符合学生的年龄特点。比如，低年级的学生可以看一些绘本，里面有大量的拼音和插图，学生可以从拼音中学习汉字的读音，从图画中了解汉字的含义，生动有趣的故事还会引发学生的阅读兴趣，这样，学生就会在不知不觉中学到不少知识，而且越看越爱看，不用教师督促就能够自觉地阅读。高年级的学生可以看一些中外名著，里面的生僻字较多，教师可以在阅读课上先讲解晦涩难懂的字词，再让学生阅读，这样学生的阅读效率可以大幅度提升，对汉字的理解也会更加深刻。在写作方面，教师可以根据识字内容，安排学生组词、造句或者写一段话，为以后的写作奠定基础。小学语文教师还应该对教材中经常出现的汉字进行分类，可以根据同音字、谐音字、同部首字、同义词、近义词、反义词等进行分类，帮助学生记忆和掌握。

3. 利用生活资源识字

我国的汉字形神兼备，有着自身的特点和规律，且富有内涵，因此，在教学中要合理利用。生活中，可以编一些有趣的顺口溜让学生识记，例如："贫对富，冷对暖，爱对恨，美对丑，真诚对虚假，饥寒对温饱，冷漠对热忱，索取对奉献。雪中送炭见真情，助人为乐献爱心。只要人人献出一点爱，人间处处有温暖。"这样的表述读起来朗朗上口，学生的兴趣也能够被充分调动起来，从而在轻松愉快的氛围中达到识字教学的目标。

三、结语

语文教学任重道远，识字教学作为语文学科教学的基础，应引起广大教师的高度重视。语文教师应转变传统落后的教学理念，积极采用现代化的教学手段，运用多样化的教学方法，向学生展现语文学科的独特魅力，以激发学生的学习兴趣和内在潜能，使其主动、快乐地投入到语文学习中，在知识的海洋中尽情遨游。

如何提高识字效率

识字教学是小学低年级语文的教学重点，是阅读和写作教学的基础。让学生多识字，让识字成为学生的快乐旅程，是识字教学的目标之一。《义务教育语文课程标准（2022年版）》在识字方面对第一学段（1~2年级）提出了明确的学段目标："喜欢学习汉字，有主动识字、写字的愿望。认识常用汉字1600个左右，其中800个左右会写。"通过识字教学实践，笔者发现低年级的学生很爱识字，只是在识字过程中，他们往往认得快，忘得也快，对汉字缺少深层次的认知。实践证明，低年级的识字教学，应该充分考虑学生的身心特点，遵循汉字教学规律，采用多种形式把学生识字的主动性调动起来，使学生感受到识字的乐趣，真正喜欢上识字。

一、"乐"在读中

"儿童学前从生活中习得口语，入学以后主要发展书面语。研究表明，儿童6~12岁是发展书面语言的最佳时期；我国儿童甫一入学，就进入这一时期。"① 在这个阶段，教师应指导学生阅读好教科书。因此，在课堂教学中，笔者始终坚持字不离词、词不离句，识中有读、读中有悟。总之，读书是语文学习之道。低年级学生在没有预习的情况下，刚接触一篇新课文，要想认识文中的生字确实有一定的难度。在这种情况下，笔者采取多种朗读形式让学生熟悉课文，如听录音朗读、教师示范读、小老师领读、男女比赛读等，等学生对课文比较熟悉了，再放手让学生自由朗读课文，在读课文时进行随文识字。学生如果遇到比较难读、难认的字可以先做标记，然后师生一起来学习标记的难字。在学习的同时，教师应告诉学生认字的

① 施茂枝：《语文教学：学科逻辑与心理逻辑》，教育科学出版社，2013年，第226页。

方法，学习生字不仅要记住这个字的音，还要记住它的形。例如，笔者在教“明”字时，提问学生：“你能用什么办法记住这个字呢?”有的学生说：“太阳和月亮都出来了，天空多明亮呀!”还有的学生说：“日月出，天空明。”这样，学生对这个字的印象比较深刻，也就记住这个字了。

此外，笔者还经常给孩子们推荐具有童趣内容的课外读物，吸引他们去读，同时，教学生学会发现生字、学会向别人（同学、老师、家长等）请教、学会借助注音识字、学会文中识字，引导鼓励学生搞好课外阅读识字，不断提高学生独立识字的自觉性。笔者有时也采用编讲小故事的方法，让学生自编自写，由旧知生出新知，在运用中巩固，扩大识字量，让学生充分体验到学习识字的愉悦、轻松。实践告诉我们，只要我们在识字教学中落实“多认少写，及早阅读”的识字教学理念，把识字教学重点作为全面提高识字教学质量的重要突破口，结合学生年段特点，发挥学生的主动性，就一定能点燃学生识字的“火花”。

二、“乐”在说中

语文教学还要注重学生说的训练。“说”是小学生语文能力中很重要的一种能力。在识字教学中，教师要多为学生创设说话的环境，要鼓励学生大胆说出自己的想法。例如，在教学“目”字时，笔者问学生：“这个字与我们学过的哪个字很相似?”学生很快就说出“日”字。笔者又接着问：“它们之间有什么不同的地方?”一位学生很快地回答：“‘日’字里面只有一横，‘目’字里面有两横。”还有学生回答：“太阳只有一个，所以‘日’字里面是一横，而眼睛有两只，所以‘目’字里面有两横。”这样，学生印象深刻，识字出错率就低了。让学生自己发现、自己总结，学生乐于掌握，智慧的火花四射。此外，在课堂上笔者经常编一些顺口溜，提高学生的说话能力。例如：汉字中有一些形近字，字形非常相似，像孪生姐妹一样，使人难以辨认，学生一不小心就混淆了，常常张冠李戴。这时候，笔者会编几句充满童趣的顺口溜帮助学生加以区分。如“滴和摘”：有水“滴”下来，有手“摘”果子。又如，为了区分“己”“已”“巳”，笔者编了如下顺口溜：开口“己”（jǐ），自己的“己”；半口“已”（yǐ），已经的

"已"；闭口"巳"（sì），巳时的"巳"。通过巧编顺口溜，把学生识字过程中的难点、疑点等一一攻破，枯燥的识字教学就会变得妙趣横生。再如，教学《菜园里》一文时，笔者带了多种蔬菜，并要求学生每人也带一种爱吃的蔬菜，请家长给蔬菜标上标签。我们把教室布置成一个菜场。课堂上，笔者让学生说说自己爱吃的蔬菜，他们争先恐后，生怕自己说漏了什么。学生在交流中，不但记住了本课要求掌握的几种蔬菜的名称，还认识了土豆、韭菜、藕等自己爱吃的蔬菜的名称。这样，教学不仅丰富了学生的课外知识，还发展了学生"说"的能力。

三、"乐"在想中

爱因斯坦说过："想象力比知识更重要，因为知识是有限的，而想象力概括着世界上的一切，推动着进步，并且是知识进化的源泉。严格地说，想象力是科学研究中的实在因素。"① 在识字教学中，教师要根据学生思维的特点，引导学生想象，帮助他们把抽象的符号具体化、形象化，培养学生的识字能力。如教"非"字时，笔者让学生先想想怎样记忆，再汇报交流。一名学生这样记忆：两个非常强壮的人，打倒了六个坏人；另一名学生这样记忆：一条大马路，两旁各栽三棵树。

在平时的教学中，只要有机会，笔者就会创设情境让学生想象，因为一旦让学生展开想象，就会有意想不到的好效果。在教学《小兴安岭》一文的生字时，笔者创设问题情境，鼓励学生大胆想象，活跃他们的思维，调动他们学习的积极性。一想到小兴安岭一年四季的景色，孩子们就会滔滔不绝地说出书上没有的一些画面，比如：青蛙呱呱地叫着，蛇懒洋洋地爬着，东北虎在森林中咆哮；人们在秋天采摘着山葡萄、木耳；小朋友在雪地里堆雪人、打雪仗；等等。这些美丽的图画想象，对小兴安岭的美丽景色做了进一步渲染，让学生更加热爱小兴安岭，热爱祖国的大好河山。

由此可见，教师要让课堂变得生机勃勃，展现出千姿百态的语文课堂；要让孩子们更好地展现自己心灵深处的图画。只要教师善于去发掘、去引

---

① 许良英、李宝恒、赵中立、范岱年编译：《爱因斯坦文集》第1卷，商务印书馆，2009年，第409页。

导，就能让课堂变成快乐的海洋。

四、“乐”在写中

在识字教学中，最难把握和落实的任务就是指导学生写字。为了激发学生学习写字的兴趣，提升学生的写字能力，笔者想尽办法，根据所在小学现有的条件，带领学生开展了丰富多彩的写字活动。

1. 教学方式多样

笔者经常让学生书空练习、在本子上写，有时还让学生用抹布蘸水在桌面、黑板上写，在自己的手心里写，用手指或笔杆儿相互在后背上写字猜字等，使学生心手相通，感受行笔的提按行收，既有趣又有效。

2. 建立展示台

笔者在所带的班级里开设了专用展示区，定期展示学生们的优秀作品。

3. 建立写字成长卡

笔者认真记录每位学生写字成长的历程。每周收集各个学生的一份优秀作品，内设学生自评、老师评价、家长评价，把学生一学期的写字作品都保留下来，作为学生写字的成长记录。

4. 开展各种竞赛活动

笔者常常结合重大节日，在班级里开展写字竞赛、写字作品展示活动，并把学生的优秀作品挑选出来，装订成册，鼓励学生向报刊投稿。

总之，教是为了不教。在教学新理念的指引下，教师应该摒弃传统的机械练习的陋规，而代之以科学、合理、有效的教学方法，使识字教学既新又活。在识字教学中，教师应该选取最佳的识字教学方法，让学生轻松进入“识字乐园”，寓教于乐，使学生在愉悦的状态下进行有趣的识字活动，真正感受识字的快乐！

如何调动小学生的识字兴趣

小学阶段，学生需要掌握的生字量非常大。但是，受限于教学的时间，各科课程安排得非常满，分配给小学语文教师的时间并不是很多，这也给小学语文识字教学带来了非常大的挑战。因此，在开展教学的过程中，教师必须寓教于乐，让学生体会到学习的快乐，只有这样才能最大限度调动学生的积极性，达到识字教学的目的。下面，笔者结合自身教学经验，探讨在小学语文识字教学中如何达到让学生“快乐识字”的效果。

一、情境激趣，让学生爱上识字

兴趣是小学生学习的基础，尤其是在一年级教学的过程中，学生的注意力不容易集中，想要帮助学生体会到识字的乐趣，教师就需要创设不同的情境，激发学生的学习兴趣，帮助学生在学习中不断提升自我。学生仅仅认识单一的字并不能够实现教学的目标。因此，在教学过程中，教师可以通过字词的引导，让学生在学习中了解字的真正含义，从而将字词和生活中具体的情况联系起来，让学生体会到学习语文字词的乐趣。

1. 找朋友

教师可以让班级中不同的学生把写有不同声母和韵母的卡片戴在头上，然后让学生根据自己头顶的字母去寻找其他的同学，进行拼音组合，得到一个汉字的拼音，最后，教师再让班上其他的学生读出来。在这个过程中，学生不仅可以体会到学习语文字词的乐趣，也可以加深对知识的理解。

2. “开火车”

教师可以将班级中的学生排成一列列“火车”（最少两列），然后发出火车开动的声音。之后，教师出示一些生字，问学生“火车”从哪里开始。

当有学生回答从自己这边开始以后，就可以按照顺序让学生一一读出生字。如果有学生读错了，就可以让“火车”暂停，然后另一组学生接着读。为了避免学生出现不良的情绪，每一个小组中读错的学生需要到台上表演一个节目。在游戏的氛围中，学生的学习积极性得到调动，学生学习生字的方式也不再局限于枯燥的课堂教学，学生在游戏中加深了对知识的印象，也体会到了识字的乐趣。

二、氛围引导，让学生自主识字

良好的氛围是学生掌握知识的关键。为了达到快乐识字的效果，在教学中，教师需要营造一个良好的氛围，鼓励学生自主识字。在素质教育背景下，学生自主学习能力的提升成为学校教学的重点，也是教学中教师需要注意的问题。因此，在教学中，教师需要结合学生的实际情况，分析学生学习中遇到的问题，全面提升学生的素质，让学生在学习中掌握更多的生字，启迪学生心智。

1. 融入生活元素

识字不必非得在课堂中，生活中随处可见的资源也是学生识字的素材。因此，在开展教学的过程中，教师可以用学生比较熟悉的生活化的内容去引导学生，吸引学生的注意力，用生活化的内容加以引导，帮助学生掌握所学知识。在这样的教学中，学生会注意留心周边的事物，并在学习的过程中主动地学习相关的知识，从而达到事半功倍的效果。如在学习“草”的时候，我们就可以用草坪中随处可见的标语引入：“小草青青，踏之可惜”“小草在睡觉，请勿打扰它”。生活化的内容可以激发学生的学习积极性，让学生体会到生活中的语文，加深对生活中未知事物的理解。

2. 引导背诵识字

语文教学中，背诵诗文不仅可以帮助学生提升阅读能力，还可以让学生在识字中积累知识、提升自我。教师可以抽出课堂中的一段时间，让学生自主背诵生字词或者课文。因此，在开展教学的过程中，教师就需要结合不同的字词，整合不同的内容，通过游戏的方式吸引学生，让他们积极主动地参与到游戏当中，在游戏的作用之下，全面分析了解所学知识的内容，激发学习的兴趣。当学生体会到学习的快乐之后，他们就会主动参与到游戏当中，这时候教师再渗透教学内容，对学生的成长有着非常重要的影响。此外，借助游戏还可以尽量避免学生进入“学得快，忘得也快”的误区，让学生在一个相对轻松的氛围中全面理解知识，加深对生字的记忆。

总而言之，小学一年级开展识字教学是小学语文教师教学中的重点和难点。为了帮助学生牢记汉字内容，引导学生从会学到自主学习，在开展识字教学的阶段，教师需要通过阅读加以渗透，在注重知识传递的同时，关注学生的学习体验，以培养学生的学习兴趣，调动学生的学习积极性，让学生在一个相对轻松愉悦的氛围中识字。在教师的引导下，学生喜欢识字，并开始自主识字之后，知识储备会变得越来越丰富，学生今后的学习也会得到发展和提升。

让识字教学百花齐放

中国教育学会名誉会长顾明远曾说："改变教育观念，把传授基础知识和培养学生的创造性思维、创新意识结合起来，是教育界的当务之急。"①把语文教学大纲的精神贯彻到教学中去，再加上教师自己创新的思想，一堂原本呆板的识字课也会变得生动有趣，从而达到事半功倍的效果。教师应激发孩子识字兴趣，教给孩子识字方法，培养孩子识字能力。我们常说：兴趣是最好的老师。如果孩子知道识字的重要性，并对识字产生浓厚的兴趣，他就能自觉地去学习并掌握汉字的音、形、义。怎样才能做到使孩子对枯燥的汉字学习产生浓厚的兴趣并增强自我识字的能力呢？笔者认为可采用以下几种行之有效的方法。

一、趣味中识字

兴趣是学生积极思考、探求知识的内在动力。有了兴趣，学习就不是一种负担，而是一种享受。在教学实践中，教师要注意选择适合学生年龄特点的话题，激发学生学习汉字的兴趣，使之乐意学。心理学研究表明，小学生正处于身心发展的初级阶段，各方面发展都缺乏持久性、连续性和稳定性。因此，在进行识字教学时教师应保持教学内容的丰富、教学形式的新颖，变枯燥为生动，变"要我学"为"我要学"。在教学实践中，教师可以针对学生的年龄特点及实际情况开展识字游戏，力求寓教于乐，引发学生的兴趣，让学生在玩中学、学中玩的愉快气氛中学会汉字。

1. 采用直观手段识字

心理学告诉我们，动态的、变化着的事物容易引起小学生的注意。而

① 顾明远：《杂草集：顾明远教育随笔（一）》，福建教育出版社，2013 年，第 66 页。

现实生活中，很多学生都不约而同地迷上了动画片。针对这一现象，在开展识字教学时，教师可以以多媒体声像系统为先导，通过多彩的画面和美妙的音乐，激发学生探寻知识的强烈愿望。如教“春”字时，教师可以先出示“三个小朋友在阳光明媚、杨柳依依、草绿花红的环境中游玩”的画面，让学生仔细观察，认真思考，使他们形象感受“春”作为四季中第一个季节的含义。接着，结合画面上三个小朋友在阳光下游玩的情景，与汉字“春”建立起识记联系，把“春”分解成“三”“人”“日”三个部分，让学生根据画面编识字儿歌：“三个小儿乐悠悠，红日晴天去春游。”然后，小结识字方法后指导学生书写。这样，通过动画、儿歌等形式，学生在形象生动的教学情境中识字，效果更加理想。

2. 猜字谜识字

字谜以其幽默风趣、朗朗上口的特殊魅力深受小学生喜爱。教师可以根据字的形状或意义，引导学生自编字谜、猜字谜，调动他们的积极性，提高他们的识字兴趣。如：学习“美”字时，有学生编了“羊字没尾巴，大字在底下”，还有学生编了“两朵鲜花插头上，王家大姐最漂亮”。学习“金”字时，学生编了“一个人，他姓王，口袋里装着两块糖”“两人在土上（坐）”“一个人累了，靠在树边休息（休）”“竹子长得比天高（笑）”“天没它大，人有它大（一）”等字谜。另外，身体语言也能帮助学生记忆字形，笔者常通过动作演示让学生们猜。如：“掰”可以演示为手掌心相对合拢，做向两边分开的动作；“看”可以演示为把一只手放在眼睛上做看的动作。经过编字谜、编儿歌、做动作，学生容易把字记住，同时也经历了一个主动识字的过程。

3. 利用贴商标的方法识字

把各种实物（或图片）摆放在讲台上，在黑板上粘贴好打乱的相对应实物（或图片）的音节或卡片。教师先引导：“小朋友，你们瞧，超市里摆放了这么多的物品。可是这些物品的商标名称还没来得及粘贴，请你们暂担当超市管理员，把黑板上的这些商标贴到对应的物品上去吧！”接着请学生上台，从黑板上取下会读的音节或词语卡片，将它们粘贴在相对应的物品（或图片）上。学生举起粘贴好商标的实物，大声朗读，最后全班评议。

利用生活中常见的文具、水果、蔬菜等实物（或图片）进行教学，能大大提高学生的学习兴趣。

4. “火眼金睛”识字

准备孙悟空的图片及有关的其他卡片，再出示形近字的卡片。教师可以这样引导：“在这些字中藏着一个小错误，比一比谁的眼睛最亮，像孙悟空的火眼金睛一样能把问题找出来。”这样的游戏设计有利于提高学生的积极性。

5. “换部首”识字

汉字中大部分是形声字，可以利用其形旁的区别和声旁的联系来进行识字。根据这一特点，笔者在教学实践中进行了“换部首”识字方法的探究，发现了一些形声字学习的秘密：声旁表音，形旁表义；只要声调不变，换上不同的形旁就可以组成一组音、形相近的字。例如，以“青”为声旁能组成“清”“请”“睛”“情”“倩”“晴”“蜻”“精”等字，可编成顺口溜来识记：有水方说清，有言去邀请；有目是眼睛，有心情意浓；丽人留倩影，日出天气晴；有虫是蜻蜓，有米人精神。

二、体验，自主识字

汉字是人们在长期的生活实践中总结、积累而成的，它与大众的生活息息相关。它源于生活，又准确而客观地反映着生活。积极组织学生在生活中识字，既能丰富学生的经验，又能深化学生的认识。教师应激发学生课外自主识字的兴趣，创造条件让学生展示生活中认识的字，使他们充分享受到成功的喜悦。如：认识本班同学的姓名，认识教室内物品的名称，知道所授课程的名称，认识常吃的水果、点心等的名称，认识校内经常接触的字，认识说明书里的汉字……

1. 环境识字

学生熟悉的环境，是识字教学的最好教具。它既利于增强学生的直观感受，深化学生对汉字本源的认识，又利于培养学生运用汉字表达事物的能力。正因为如此，不少专家学者提出了识字教学要与学生周围的环境紧密联系的观点。教师要利用开放多变的生活环境，开拓广阔的识字空间，鼓励孩子们在生活环境中主动识字。如：学校为孩子们识字提供了良好的条件，宣传栏、板报、画廊等都是识字的活教材；家庭是孩子们最熟悉的生活环境，家庭中的日用品、装饰品、玩具等物品的包装、商标、说明书，电视节目、课外书、挂历等也是识字的好教材；孩子们游公园、进商场、逛超市、看电影等社会活动中见到的标语、广告、门牌、商标等，正是识字的大课堂。教师应引导学生养成随时随地识字的良好习惯。可以结合“语文园地”开展在生活中识字的比赛，食品包装袋、广告牌、街标、路标、单位名称牌、电视节目等都可作为学生识字的教材。教师应引导孩子们自由阅读，让阅读成为孩子们生活的一部分。

2. 联想识字

教师通过分析字的音、形、义，引导学生在识字过程中找出这三者之间的联系并展开联想，从而在大脑中呈现相应的物象以强化记忆，然后通过暗示学习加以巩固。这样，学生在学习新字时，很自然地就会在脑海中闪现出学过或见过的形近字、同音字，从而对新字字形加深印象，能更准确地区别运用。

如回忆生活情景联想识字。根据汉字联想一幅图画，识“山”字，回想起生活中看到的连绵起伏的群山；根据汉字联想一种神态，识“思”字，回忆起因为粮食很重要，老百姓一心想着把田种好的情景；根据汉字联想一个动作，识“攀”字，回忆生活中用大手抓着树林间的杂乱藤条向上爬的情景；根据汉字联想一种景象，识“秋”字，回忆起秋游时看到的金灿灿的稻穗……

三、合作，探究识字

教师可以适当运用小组合作学习的形式，让学生在小组内一起猜字谜，根据合体字的构成做加减法，自编儿歌或顺口溜，把字编成故事来记。这样，对学生而言，识字不再是死记硬背的枯燥过程，而是合作探究的过程，在整个学习过程中，学生能主动参与、积极思考、大胆探究，极大地激发识字兴趣和创造欲望。

探究性识字让孩子在宽松、民主、和谐、合作、有趣的气氛中，总结各自识记字形的方法，体验成功的喜悦。比如，请大家讨论："怎样做才能又快又准地记住'碧'的字形?"生 1：记笔画，是由"横、横、竖、提……"等十四画组成的。生 2：记笔画太麻烦，不如记结构，属上下结构，上边"王"和"白"，下边"石"。生 3：部首识字法最好，是由"王""白""石"三个成字部件组成的。生 4：记偏旁，是由"王""白""石"三个偏旁组成的。生 5：我说一个字谜大家猜："王家小姑娘，长得白胖胖，喜欢坐在石头上。"课堂上学生们各抒己见，合作探究，真正体现了"学生是语文学习的主人"。

童心纯真，童心无邪。孩子们很多看似幼稚的想法却闪耀着智慧的光芒。在识字教学中，教师如果能以满腔的热情为学生铺路搭桥，帮助学生寻找出隐含在汉字中的童趣，让识字教学百花齐放，那么识字将不再是学生的负担，而是会成为一种乐趣。

写字教学中学生良好品质的培养

今天，写字作为学生的一项重要基本功，越来越受到重视，学校、教师均投入大量精力以抓好学生的写字指导和训练。在目前的写字教学中，一些教师突出强调的是写字方法和技巧，而忽略了写字教学的另一个重要方面，即陶冶学生情操，培养学生高尚的道德品质和健康的精神风貌。对此，笔者谈谈自己的粗浅看法。

一、在写字教学中进行爱国主义教育

我们的文字——汉字是世界上最古老的文字之一，书法是我国特有的传统文化，至今已有数千年的历史。从最初的甲骨文、金文，发展到篆书、隶书，再到日后的草书、楷书、行书，在浩瀚的历史长河中，涌现出了许许多多令后人景仰的书法大家，有钟繇、王羲之、欧阳询、颜真卿、柳公权等。这些内容对于小学生来说较为陌生，属于课外知识，教师对此进行介绍可以极大地丰富课堂内容，吸引学生。在最初的写字课上，笔者向学生介绍了甲骨文，学生听了课都说古人了不起，也激发了学习兴趣，纷纷表示要把字写好，争取超过古人。在这样一种气氛中，笔者为学生讲解笔画、方法，效果明显提高，同时这也是对学生进行的一次鲜活的爱国主义教育，使学生认识到学写字、写好字是弘扬中华优秀传统文化的表现。

二、在写字教学中培养学生良好的意志品质

学习写字是一项长期工程。在学习过程中，能不能坚持勤学苦练，是能否取得成功的关键。事实上，在练字时从学生的表现便可看出他是否有恒心、有毅力。要练好字，必须具有做事持之以恒的意志品质。这样的意

志品质从哪里来呢？当然也是可以在写字教学中慢慢培养的。书法史上有许多脍炙人口的学书故事，比如“墨池”“笔冢”。这些故事可以触动学生，尤其是当他们练字花了时间却进步不大时。教师可以在课上讲一讲这些故事。这些故事既有知识性，也有趣味性，一方面能提高学生积极性，另一方面也能提醒学生注意，使学生在潜移默化中养成这样的意志品质。在写字教学中，教师如果注意培养学生“持之以恒”“不畏困难”的意志品质，这些好的品质同样可以促进学生其他学科的学习。

三、在写字教学中培养学生良好的学习习惯

在教学中我们常常遇到一些小问题，比如学生不爱护笔，打翻墨水瓶，或者在写字过程中将墨水溅到同学身上。这表明在写字的时候，学生没有完全把心思放进去。唐代书法家柳公权有句名言“心正则笔正”，问题出现与否跟学生是否养成良好的学习习惯有很大关系。教师应该在写字教学中指导学生养成良好的写字习惯，例如笔的使用和保养，文具的摆放，使用墨汁和墨水时的注意点。笔者在教学生练习毛笔字时就曾专门讲过学习习惯的问题，开始时班上问题不断，例如地面被弄脏、空气遭污染。后来，笔者陪学生一起努力纠正不良习惯。一般来讲，学生的不良学习习惯被纠正后，他们的字都会有进步。

总之，写字是一门综合课程。教师在教学时不应拘泥于笔画的分析，而应尽可能地挖掘写字教学中潜在的作用，使学生在写得一手好字的同时了解和掌握更多的知识，加强自身综合修养。

当前中小学写字教学中存在的主要问题及其对策

写字教学是中小学语文教学的重要组成部分，是贯穿整个义务教育阶段的重要教学内容。《义务教育语文课程标准（2022 年版）》中指出：“识字与写字是阅读和写作的基础，是第一学段的教学重点，也是贯串整个义务教育阶段的重要教学内容”，“应先认先写《识字、写字教学基本字表》中的字，充分发挥这些字构形简单、重现率高、组字构词能力强的特点，打好基础，举一反三”，“应重视学生的写字姿势，引导学生掌握基本的书写技能，养成良好的书写习惯”。

一、中小学写字教学中存在的主要问题

笔者结合教学实践，发现在实际教学中常出现的问题有以下几种。

1. 写字姿势问题

随着现代科技手段的不断创新和应用，打印、复印等逐渐代替了汉字的书写。在智能工具应用广泛的今天，一些教师认为写好汉字没有必要，在课堂上缺乏对写字的指导，导致学生写字出现这样的现象：有的学生用五根手指捏着笔写，有的学生把笔杆竖直了写，还有的学生弯着手腕儿写；有的学生站着写，有的学生趴在桌子上写，还有的学生跪在凳子上写……学生写字时握笔、坐立的姿势可谓“千奇百怪”。久而久之，学生的视力开始下降，背部慢慢变驼，两肩也出现一高一低的现象。因此，加强写字姿势的指导，培养学生良好的书写习惯显得尤为重要。

2. 汉字笔顺、结构及书写习惯问题

汉字与其他民族的文字不同，它不仅仅是一种用来传递信息的符号，

更是音、形、义的集合体。譬如，“口”是汉字中形体较简单、好识记也容易书写的象形字，正确的书写顺序是先写笔画“丨”，再写“ㄱ”，最后写“一”，三笔写完；但在不少学生的书写中，常出现走“捷径”的现象，第一笔写“丨”，剩下的笔画“ㄱ”和“一”就连起来一笔书写。学生虽然写成了“口”字，但写出来的“口”字不仅不符合笔顺要求，而且失去了汉字本身的形体美。汉字的书写要求按一定的笔画顺序书写，不同形体结构的字有其独特的书写技巧，教师在教学中要进行有针对性的指导。

3. 写字教学指导问题

课堂教学中，教师对学生写字的指导往往受到时间和空间的限制。一堂课上，教师为完成教学任务，用于指导学生书写的时间很有限，写字课的课时安排又少，这也是当前中小学写字教学中一个突出的问题。

二、相关对策

中小学写字教学固然存在以上几方面的主要问题，但只要我们深刻分析问题产生的根源，对症下药，写字教学的现状定会得到改变。

1. 提高思想认识，摒除“写字无用论”

中小学阶段是学生学习和书写祖国语言文字的关键阶段，中小学生是祖国语言文字的传承者和推广者。因此在教学中，教师要充分意识到写字教学的重要性、紧迫性，以用好字、写好字为基本要求，以书写“规范、端正、整洁”的字为目标，切实担负起传承和推广祖国语言文字的重任。

2. 加强对写字教学的指导

如何加强对写字教学的指导呢？笔者认为，教师应该从以下几个方面做起。

首先，要指导学生掌握正确的写字姿势和执笔姿势。硬笔的写字姿势要求做到“头正、肩平、身直、足安”。在执笔的姿势上，教师要指导学生掌握“指实、掌虚、腕平”的基本要领，要教会学生用大拇指、食指和中指三指执笔，三指从不同的方向形成合力，捏住笔杆，控制好笔杆，无名指和小指只作辅助，贴住纸面做底座。笔与放正的纸面形成45度到50度的夹角，书写时只在较小范围内运动，体现其稳定性和灵活性。

其次，要加强对学生用笔的指导，教师应视不同的学段，选取不同的硬笔来让学生练习汉字书写。第一学段（1~2 年级）是学生学写汉字的起始阶段，要求学生选取碳芯硬度适中的铅笔来书写，且铅笔杆不宜太细或太粗，要适合低年级学生执握。第二学段（3~4 年级）的学生开始学写钢笔字，钢笔的笔身不能太粗太重，笔尖不能太细，要适合初学者书写。

最后，要强化对汉字笔顺的训练和间架结构的掌握。汉字的书写，不是简单笔画的堆积和拼凑。教学中，教师一方面要为学生详细讲解汉字的形体和结构，使学生明白不同结构的字书写时笔画有先后顺序；另一方面要注意纠正学生书写中的错误笔顺。学生通过各学段的强化训练，掌握“先横后竖，先撇后捺，从上到下，从左到右，先外面后里面，先中间后两边，先里头后封口”的汉字书写要领，可以为学生日后正确规范地书写汉字打下坚实的基础。

3. 建立写字教学评价机制

写字的评价如同其他教学评价一样，也是教学评价中不可缺少的部分。“写字的评价，要考察学生对于要求‘会写’的字的掌握情况，重视书写的正确、端正、整洁，在此基础上，逐步要求书写流利。”教学中，教师的“评价要有利于激发学生识字、写字的兴趣，帮助学生养成写规范字的习惯，减少错别字”。

4. 培养学生良好的书写习惯

学生掌握了正确的写字姿势和执笔姿势仅仅是写好字的开始，学生养成良好的书写习惯才是教学的最终目的。教学中教师要注意以下几点：一是要及时纠正学生错误的书写姿势，及时给予写字指导，让学生逐步掌握汉字笔顺及结构特点；二是要注意写字过程中的劳逸结合，中小学生正处在生长发育阶段，小学中高年级学生课程任务紧、作业量大，学生的写字姿势容易出现反弹，教师要让学生劳逸结合地练习写字，同时注意对不良书写姿势的矫正；三是要坚持不懈地开展好写字教学，使写字教学成为一门学科和一项行为训练。

中小学写字教学不仅是一门学科教学，也是一门艺术教学。教学中教师要加强对写字的指导和训练，使学生掌握正确的写字姿势和基本的书写技能，养成良好的书写习惯，逐步提高书写质量。只有这样，写字教学中出现的问题才能得到有效解决，中小学写字教学才会步入良性发展轨道。

第二辑

词语教学和口语交际训练策略

引论

词语教学是小学语文教学的重要组成部分。词语是语言的基本单位，词语是语文课堂教学的扶手，是字、句、段、篇的纽带，掌握字词的多少直接影响到学生对段、篇的理解。词语在语文教学中所占的地位很重要，所起的作用同样也很重要。在小学语文教材中，每个词语都不是孤立存在的，而是承载着作者的思想、观念、价值观和情感倾向等，有着广阔的空间，可以让学生开拓思维，是学生语言发展的良好依托和载体，是学生积累语言的巨大宝库。因此，教师必须在小学语文教学中使用行之有效的策略，指导学生更好地学习词语、掌握词语、运用词语和发展词语。

语文是最重要的交际工具，是人类文化的重要组成部分。工具性与人文性的统一，是语文课程的基本特点。社会的进步呼唤素质教育，素质教育对语文教学提出了更高的要求。培养学生的语言能力，是小学语文教学的重要任务，也是实施素质教育的重要途径。日常生活中，人们无时不在表达心意，交流情感，传达信息，可见口语交际的重要性。口语交际能力是构成良好语文素养不可或缺的重要内容，在语言交际中具有与“读”“写”同等重要的地位和作用。笔者在长期的语文教学实践中，注重口语交际教学环节，立足现实教学情境，研读课标，吃透教材，掌握学情，不断尝试更贴近学生实际的教学方法，努力提高学生的表情达意能力，为实现全面的教育质量观寻求更好的方法和路径。

让词语教学走进学生的心灵

汉语是世界上情感最为丰富的语言之一，它沉淀了中华五千年的文明，蕴含着丰富的精神元素，每个字词都充盈着生命的呼吸。正所谓："语言有温度，字词知冷暖。"语文教学既要发展学生的言语能力，又要注重滋养学生的心灵。

著名的语言学家张志公指出："语文教学的首要的、专门的任务是学习、使用语言文字。文不通理不顺，说话结结巴巴，就什么也谈不上。"①学生在阅读时领会句意，把握文义，概括要点，探究内容，无不建立在理解词义的基础上。但是，语文教材浓郁的人文性、众多的生字词、较长的文本篇幅及课后练习的开放性，给一线的语文教师特别是低学段语文教师带来了不少的困难。常见的词语教学模式是，教师带领学生认读之后，让他们谈对词语的初步理解，然后就进入课文内容的分析。这样的词语教学，缺乏语文的生命活力。《义务教育语文课程标准（2022年版）》提出"结合上下文和生活实际了解课文中词句的意思"的要求。笔者认为，万丈高楼平地起，词语教学是语文教学的根基和原点，语文教育实践者应以高度的责任感守望原点，把握语言文字训练这个根本任务，融句段、字音、体验、情景、课文内容于一体，让词语理解成为学生言语表现的鲜活元素，让词语教学涌动智慧和灵性，让语文课散发本色的清香。那么，在教学中怎样才能走出机械讲解、生硬灌输、僵化记忆的误区，使词语教学更加丰富生动，真正地走进学生的心灵呢？下面，笔者结合平时的教学实际及外出听课学习的感受，谈谈关于词语教学的一点想法。

---

① 张志公：《语文教学要同现代化建设接轨》，《中学语文教学》，1994年第12期。

一、连接生活，触摸词语的情感

语文课堂教学要走出枯燥的字、词、句的训练模式，就必须把生活融入课堂中，即让语文教学回归生活。教师要善于创设与教材内容有关的现实生活情境，让学生在生活中学习语文。联系生活，就是从学生的生活经验入手，利用学生生活中的经历和体验，打通词语和生活相联系的通道，唤起学生头脑中与词语相关的表象和情感，使词语内容与学生的生活经验相对应，让学生在具体的生活情境中理解词语。如关于“饱满”一词的教学，我们可以把这一词语的教学放入学生的生活实践中。

案例 1 “饱满”一词的教学片段

教师在每一组桌子上放了一些豆荚，并让学生从中选出饱满的豆荚。学生兴致勃勃地动起手来，不一会儿，他们已经把饱满的豆荚和不饱满的豆荚区分开来了。

师：你是用什么方法挑出饱满的豆荚的？

生 1：我是用眼睛看的，饱满的豆荚是鼓起来的。

生 2：我是用手摸的，饱满的豆荚摸上去是凸起来的。

生 3：我把豆荚剥开来看一看，饱满的豆子比较圆，比较大。

师：请大家把饱满的豆荚放在一边，不饱满的豆荚放在另一边。

（生立刻把两组豆荚分别放置，并端正坐好）

师：瞧，这一组的小朋友精神多饱满啊！大家仔细观察一下，觉得他们怎么样？

生 4：他们坐得很端正。

生 5：他们挺起了胸膛。

生 6：他们眼睛盯着老师，很专心！

师：是呀，上课的时候就要精神饱满。精神饱满的小朋友，奖励你们读一读这个词。

（师出示写着“饱满”的词卡）

【感悟】

“饱满”是一个比较抽象的、静止的词语，经过教师的点拨，这个词变得触手可及，具体生动起来。教师巧妙地联系了学生的生活实际，唤醒了学生的经验世界。学生通过看一看、摸一摸、剥一剥这一系列感性的活动来找出饱满的豆子，调动自身的已有经验，各种感官协调发展，从而巧妙地理解了“饱满”一词。由此，笔者想到了著名特级教师于永正执教的《我的伯父鲁迅先生》，特别是课文中“饱经风霜”一词的教学。于老师真正把语文放入学生的生活实践，在学生原初的经验和文本语境之间架起了一座桥梁，从而使语文课堂中的词语教学活起来。课文中有个词语叫“饱经风霜”，用来描写被鲁迅救助的那位车夫的外貌。于老师在课堂上让学生先想一想这位车夫的饱经风霜的脸是一张怎样的脸，再用“这位车夫才三十多岁”为开头写几句话。词语教学看似简简单单，但从学生的练习反馈看，“这位车夫才三十多岁，可是看上去却像个五十多岁的人。他面色蜡黄，颧骨很高，两只眼睛深深地凹了下去，眼里布满了血丝”，显然，作为符号的“饱经风霜”一词在学生的心中不仅有了形，还有了神。从已有表现的激活到新形象的创造，从本质内涵的领悟到动手的练笔，“饱经风霜”这个词语在学生的心中有了持久的生命。

鉴于上述的案例，我们在平常的阅读教学中，应更多地引领学生把眼前所读到的语言文字与他们自己的生活经验联系起来，努力使他们的认知世界与生活世界融为一体。这样，学生就能够运用自己的生活经验去品味词语的言外之意、弦外之音，进而自然地理解词语的意思。

二、组建词块，揣摩词语的丰富

著名教育家苏霍姆林斯基曾说，让词在儿童的意识里活起来，欢蹦乱跳，使词成为儿童借助它去掌握知识的工具。的确，认识词语，可以夯实学生的基础能力，提升学生的阅读能力。而对一些词语进行组合成块的教学，更能使课堂上的生成高于预设。

在《天鹅的故事》教学过程中，笔者借鉴了该教学方法，在词语教学和阅读教学中组建了词块。

案例2 《天鹅的故事》教学片段

师：刚才大家读得很投入，有信心接受检查吗？老师这儿有几组词语想请同学们读一读。

（出示第一组：寒潮降临、北风呼啸、冰封湖面）

师：谁会读？读着这些词语，你的眼前仿佛出现了什么？能把画面读出来吗？

（生试读、齐读）

（出示第二组：一无所获、扫兴）

师：谁来说说“一无所获”“扫兴”是什么意思？谁能用上关联词语连起来说一句话？

（生读）

（出示第三组：腾空而起、塌陷、继续扑打、扩大、帮忙）

师：两三个词语难不住大家，一下五个，有谁愿意挑战吗？能用上这些词语连起来说一段话吗？

（生试练说）

师：能用上以上三组词语中的一些词语说一段话吗？

（让学生抓住关键词语概括文章的主要内容，提醒学生说得简洁些，最后总结概括方法）

【感悟】

一般情况下呈现的词语教学就词讲词，目标单一，而由词块构成的情境能使学生的情绪状态得以延续并不断提升，为下面的篇章教学做了很好的情感铺垫。词语组块不仅体现了词语的情境性，而且有利于学生对词语进行多角度的理解、多层次的积累。它把一个个零散的“珠子”串成一条条“项链”，使提供给学生的词语有了主线的串联，因此学生对词语的理解是有依托、有方向的，避免了解词的机械和积累的无序。同时，词语组块给了学生多角度的运用机会，使词语活起来。如上述教学片段中既有画面描述，又有连词成句，还把概括主要内容的方法蕴含其中，于不经意间放大了词语教学的功能，丰富了词语的含义。

三、依托文本，拓展词语的广度

词语教学是一个循序渐进的理解和运用的过程，在语文人文性和工具性的关系上，应把语言文字与学生心灵有机结合起来。因为语言文字所描绘的显像结构本身没有直接可感性，必须借助于人的联想和想象。教师凭借文本中的语言文字，在语文教学实践过程中，引领学生用心去领悟，用情去体会，用想象去补充，既引导学生体会文本固有的人文价值，又鼓励学生有自己独到的见解。如在教学《搭石》一文时，笔者积极引导学生走进文本语言所描绘的情境，激发学生的想象，并在此基础上创造出新的情境和意境。于是，学生在领略画面美的同时，也理解了语言文字的真正含义，拓展了词语教学的广度。

案例3 《搭石》教学片段

师：你们还从哪些地方体会到画面美？

生1：我从“清波漾漾、人影绰绰”体会到画面的美，我感受到水波和人影都很美。

师：“绰”是生字，课前大家查字典了吗？遇到不认识的字查字典，这是学习的好习惯。“绰”在字典中有三种意思：宽，不狭窄；宽裕，富裕；形容姿态柔美。想一想，“人影绰绰”的“绰”是什么意思？

生2：我认为是“姿态柔美”的意思。

师：不错，还有个词语叫“绰绰有余”，这里的“绰”又是什么意思？

生3：我觉得是“宽裕，富裕”。

师：那么“清波漾漾、人影绰绰”在文中描绘的是怎样的画面？想象一下。

生4：我好像看到水清得可以看见水底的石头，一阵风吹来，水面漾起了波纹，人影倒映在水面上，美丽极了。

师：真形象，你是用想象来丰富、体会这两个词语的，这种方法值得大家学习。

生5：我仿佛看见溪水漾起了粼粼的波纹，姿态柔美的人影倒映在水中，像画一样。

师：听你这么描述，我感觉到了水光人影两相和的美！请读一读这两个词语。

（生读）

师：你的朗读把我带到了画前，谁能把大家带进画里呢？

师：你来读。其他同学闭上眼睛，想象画面。

（生声情并茂地练读）

【感悟】

在品味叠音词“漾漾”“绰绰”的教学设计中，笔者注重引导学生从语言文字入手，形成表象来触动体验，在想象中丰富“清波漾漾、人影绰绰”的画面，在朗读中体会语言的美感，这样水光人影两相和的美在学生的眼前自然地展开。这样的引导由表及里、由浅入深，在培养学生语感的同时，增强了学生思维的广阔性和深刻性。笔者认为，词语教学还应让学生去感悟文本的意义情感，历经一个“呈于象、感于目、会于心”的过程，即将语言文字通过内心的视像转化为鲜明可感、有声有色的画面，在画面中去感受、去体验、去想象，达到语言与情感融为一体的境界。在这种多样化、情境化的实践运用中，学生的思路打开了，言语活化了，知识消化了，词语的丰富意义深深地内化到学生的精神世界里，成为学生宝贵的语文素养。可见，词语教学不是简单的告诉，而是与学生的精神生活和情感领域息息相通的生命活动。词语教学以文本为载体，不断拓展词语含义的广度，引领学生从词语的表层走向词语的深层，由此及彼，由人及我，将思维步步推向纵深，将词语的广度延伸再延伸，智慧的火花由此时时闪现。

汉字是美的，词语是神奇的，它们从来都不是无生命的僵硬符号，而是蕴含着独特审美性格的精灵。语文教学应把握汉语特殊的表象规律，回到文本，回到文本的文字，利用联想、想象、思维、直觉等心理力量，真正扎实地进行词语教学，让学生触摸言语本身的色彩、结构、分量和品质。走进词语的世界，如果我们引领学生用多样的生活经验和丰富的联想去解读词语的合理、简洁、绝妙，去诠释词语的神韵和精深，我们会发现，风景这边也好。

小学语文词语教学策略浅议

随着新课改的不断推进，小学语文教学逐渐提高了对词语教学的重视程度，学生熟练地掌握词语的含义及用法对于提高小学生的词语表达能力有着重要的促进作用。语文学科的教学是循序渐进的过程，先有字的教学、词语的教学，然后才能开展句子的教学和课文的教学。因此，在小学语文课堂教学中，教师应该加强对词语教学的重视，通过词语的教学来帮助学生更好地理解课文，积极探索能够有效提高小学语文词语教学质量的教学方法，进而提高小学生的语文综合素质。

一、联系上下文帮助学生理解词语含义

在进行词语教学的时候，教师应该善于通过联系上下文的方式来帮助小学生理解词语的含义，通过整体阅读词语前后的句子，来总结和概括词语的含义。例如，在进行《将相和》教学的时候，课文中有一个新词语“负荆请罪”，如果单单从字面的意思来理解，小学生可能很难理解这个词语的意思。这时教师可以引导学生通过阅读上下文的方式，积极思考这个词语的含义，找到这个词语出现的段落，前后的句子可以多读几遍，思考这个词语可能会有的含义。当学生读到课文中“他脱下战袍，背上绑着荆条，到蔺相如门上请罪”这句话的时候就很容易理解“负荆请罪”这个词语的含义了。因此，在日常的小学语文词语教学中，教师应善于通过联系上下文的方式来引导学生自主思考词语的意思，加深学生对词语的认识和理解。

二、培养学生使用工具书的好习惯

小学生的年龄较小，对于知识的接受能力有限，在进行语文学习的时

候往往会遇到很多不认识的生字或词语。虽然大部分的情况下可以通过联系上下文的方式来猜测词语的大概含义，但是为了更好地理解课文，教师在日常的语文课堂教学中应当培养学生使用工具书的良好习惯，这样在阅读的时候学生遇到不懂的生字或者词语就不用再跳过去了，而是可以借助工具书去查询生字和词语的含义。因此，教师应当引导学生学会使用工具书来学习不懂的词语。例如，教师可以出一些相关的题目，让学生借助工具书来做题。“浓”这个字有“颜色深”“程度深”等多个含义，那么在“小明对钢琴学习有着浓厚的兴趣”这句话里，“浓”就代表了小明对钢琴学习的喜欢程度很深。学生养成借助工具书学习的好习惯后，就可以借助工具书自行理解词语的含义并加以运用。另外，教师还可以让学生在课余时间经常翻阅各种工具书，例如《新华字典》《新华词典》《中华成语词典》等，主动接触一些生词，并理解和记忆这些生词，从而增加他们的词语存量。

三、使用动作或神态来帮助学生学习抽象的词语

小学生的性格天真活泼，在日常的学习和生活中遇到感兴趣的事情或事物、人物会情不自禁地去模仿，而在小学语文词语教学中往往存在很多含义比较抽象的词语，因此，小学语文教师在进行词语教学的时候可以充分利用小学生的这一性格特点，通过动作或神态的表现来帮助小学生学习和理解具有抽象意义的词语，加深小学生对这些词语的理解和掌握程度。例如，在进行《美丽的小兴安岭》这篇课文的教学时，文中有“小鹿在溪边散步，它们有的俯下身子喝水，有的侧着脑袋欣赏自己映在水里的影子”这么一句话，很多小学生是首次接触到“欣赏”一词，可能不太理解这一词语的含义。此时教师可以借助一面镜子，并在镜子中看自己，帮助学生理解“欣赏”这一抽象的词语的含义。然后教师可以告诉学生，“欣赏”这个词是一个褒义词，是一种正面的词语，可表达出善意的情感和喜欢的心情，从而加深学生对这一词语的理解和记忆。

四、结合实际生活锻炼学生运用词语的能力

语文来源于生活，因此，生活是学生的第二课堂。在小学语文的词语

教学中，教师应当善于结合实际的生活环境，更好地帮助小学生理解词语的含义并提高小学生对词语的运用能力。在小学语文词语教学过程中，如果遇到一些在生活中经常出现的词语，教师可以适当地与生活相结合，指导学生学习。如在学习与颜色相关的词语“枣红”“乳白”等的时候，教师可以联系生活引导学生去思考这些词语的用处，然后让大家回想一下生活中都是用什么颜色来形容牛奶的颜色的。对的，就是乳白色。所以大家可以理解到“乳白”这一词语就是用来形容颜色的，这个颜色又到底是一种怎样的白色。语文与我们的实际生活有着紧密的联系，因此，在小学语文词语教学的过程中，教师联系生活可以有效激发小学生的学习兴趣，更好地帮助小学生开展词语学习。

五、结语

综上所述，在小学语文教学中，词语教学可以起到一个承上启下的作用。教师应该加强对语文词语教学的重视程度，在进行语文词语教学的时候，激发小学生对词语学习的兴趣，让小学生能够积极主动地投入到语文词语学习中来，并结合生活实际锻炼运用词语的能力，达到学以致用的目标。

小学语文词语教学实践探究

词语是我们在进行言语交谈时使用最多的语言单位。词语教学在语文教学中所占的比重是很大的，所起的作用同样也是很重要的。在小学语文教材中，每个词语都极富伸张力和想象力，它们不是死板地孤立存在的，而是承载着作者的思想、观念和情感倾向等，有着广阔的空间让学生开拓思维，是学生语言发展的良好依托和载体，是学生积累语言的巨大宝库。因此，教师必须在小学语文词语教学中使用行之有效的策略，指导学生更好地学习词语、掌握词语、运用词语和发展词语。在小学语文词语教学实践探究中，笔者针对词语教学在小学语文教学中的重要性、小学语文词语教学存在的问题、小学语文词语教学的对策进行了详细的阐述。笔者仔细探究每一个问题在小学语文词语教学中的重要性，努力实现小学语文课程的教学目标，达到有效教学的目的。

一、词语教学在小学语文教学中的重要性

在教学中，词处在字、句之间，“字不离词，词不离句”，说明了词语教学在语文教学中的重要性。词语教学是小学语文教学中的一个重要组成部分，掌握词语知识是学生正确理解语言、运用语言的重要环节。词语可以帮助学生更好地积累知识，提高语文知识素养。词语的积累来源于生活，要从生活中学习词语，在具体的语言环境中学习词语、理解词语、积累语言。同时，只有正确理解词语的功能，才能正确运用词语，更好地锤炼语言、发展语言。

词语教学也是阅读教学的一部分。学生对语言文字的感悟能力，一部分来自课堂的语言实践，一部分来自他们的课外阅读，因此，阅读教学中

的词语教学是不容忽视的。加强词语积累，正确理解词语，对课文的学习、语感的培养起着至关重要的作用，学好词语可以帮助学生理解句、段、篇的含义。因此，词语教学需要通过科学的方法提高实效。

词语教学自始至终贯穿于语文教学的全过程。字、词、句是组成文章的细胞，也是组成语文材料的基础。因此，在小学语文教学中，加强词语教学，可以为全面提高学生语文素质打下坚实的基础。

二、小学语文词语教学存在的问题

词语教学在整个小学语文教学中占有重要地位，是字、句、段、篇教学的桥梁和纽带，能更好地促进小学生认知能力和思维能力的发展。然而，当前小学语文词语教学还存在着以下几个问题：脱离语言环境进行词语教学；教师主导作用缺失；缺乏学以致用的训练；等等。下面，笔者对小学语文词语教学存在的问题做出详细的分析。

1. 脱离语言环境进行词语教学

在教学实践中，有的教师为了节省时间，在布置家庭作业时让学生查找《教材全解》中词语的意思并摘抄下来，在课文讲解过程中便不再讲解这些词语，使得词语讲解脱离具体语境。但是，一线语文教师大多能把握语文词语教学的目标，能精心地设计教学环节，运用合理的教学方法，使词语教学变得丰富起来。刚上任的年轻教师更应该准确把握教学大纲，对大纲进行仔细研读，尽量避免出现词语教学不当的现象。

如果能从整体上把握事物各方面之间的联系，就可以更好地认识各要素。不能割裂词与句子的联系和词语与词语之间的联系，只有重视词语教学的整体效应，才能达到较好的教学效果。

2. 教师主导作用缺失

在课堂上，高年级学生的自主性增强了。培养学生自主学习的习惯与能力，可以使学生通过自主学习，从收集资料到整理资料，从阅读到思考，都获得与文本相关的大量信息，这样的自主学习才会给学生带来帮助。要想取得自主学习上的成功，激活学习动机只是前提，还必须培养学生自主学习的能力。心理学家鲁宾斯坦提出：人的能力本身是禀赋和他的活动成果的融合物。其中，后天形成的能力占据着相当大的比重，它包括习惯养成、思维方式、知识转化、情感调控等多方面。因此，教师不要误以为学生的自主发展就是自由发展，教师的主导作用应该得到应有的发挥。另外，在新课程改革环境下，学生的主体地位越来越高，教师应充分发挥自身的主导作用。

3. 缺乏学以致用的训练

现实中，小学生可能认识许多词语的音、形、义，但不知道如何支配运用它们。在小学阶段，教师要给学生增添新词，并且使学生学会运用。在词语教学过程中，有的教师以让学生查找词典、抄记词语解释为主要教学方式。这种单一、被动的学习方式不仅加重了学生的课业负担，而且容易使学生感到枯燥、乏味，产生厌学情绪，造成恶性循环。

三、小学语文词语教学的对策

词语的构成方式不同，感情色彩不同，在课文中所处地位亦不同，因此，教师在实际教学中所采取的方式也应当有所不同。下面，笔者针对小学语文词语教学存在的问题提出详细的词语教学对策。

1. 在目标指向上，变单一为综合

以往词语教学的功能只定位在疏通阅读障碍上。其实，词语教学还应被赋予更丰富、多向的目标和价值。听写词语是一种常见的汉语练习，教师不是直接读词语，而是用释义、讲用、缩句等多种形式，让学生边听、边想、边写、边说。这样，学生必须经过一个学习思考的过程，学生在这一过程中动耳、动手、动脑、动口，锻炼了听辨能力、结合课文理解词语的能力、思维能力，当然也训练了他们的书写能力、口头表达能力和注意力合理分配的能力，体现了听、说、读、写、思的综合训练。比如，在六年级下册《顶碗少年》课文中有这样一段话："台上，顶碗少年呆呆地站着，脸上全是汗珠，他有些不知所措了。还是那一位姑娘，走出来扫去了地上的碎瓷片。观众中有人在大声地喊：'行了，不要再来了，演下一个节目吧！'好多人附和着喊起来。"在教学中，笔者采取了新颖、有趣的听写练习：

师：课文中用了哪一个词形容少年不知怎么办才好？

生：课文中用了“不知所措”这个词来形容少年不知怎么办才好。

师：对，请同学们把“不知所措”四个字写在书上。

师：那么，当你考试复习准备得特别充分的时候，应该用什么词来形容呢？

生：胸有成竹。

师：没错，这个词就是“不知所措”的反义词，大家把“胸有成竹”这个词写在书上。

师：第二个词，在少年不知所措的情况下，好多人跟随着观众喊起来，其中哪个词语形容对别人的言行应和、追随？

生：“附和”一词形容对别人的言行应和、追随。

师：同学们反应得很快，将“附和”这个词语写在你的书上。我们再读这个句子“顶碗少年呆呆地站着，脸上全是汗珠，他有些不知所措了”，应该用哪些四字成语来形容少年的心情？

生：心神不宁、心惊肉跳、坐立不安。

师：这样一来，你们积累了很多描写心理的词语，把这几个词语写在书上。

以上案例把单调、乏味的词语教学变得生动，使学生有兴趣学词语，同时，激发学生不断地思考，有效地学习并积累更丰富的词语。

2. 在词语教学中，变平推为立体

正音、记形、释义的平推化词语教学，已经不能适应阅读的需要和要求，也无法达到课程标准的阶段目标，所以，词语教学一定要变平推为立体，让学生多方位、多角度、多层次地理解和掌握词语。以词义的感悟为中心，将字义理解、课文内容、情境体验、认识事物、情感教育、思维训练融为一体，让词语教学成为一张纵横交错的立体网，不仅能实现语言、心智、情感的和谐发展，也能使阅读教学得到进一步的优化。

比如，在《跨越百年的美丽》课文中，以“美丽”为线索，突出居里夫人的内在美：一是爱国，二是淡泊名利。其中“淡泊名利”由表及里地塑造了她人格和心灵美丽的感人形象。教学中笔者采用立体化教学，让学生发现“淡泊名利”的丰富内涵。

师：查找字典，“淡”“名”“利”在字典中指的是什么，解释词语的本义。

（生查字典，并举手发言）

师：结合课文内容，理解词语，“淡”“名”“利”这几个字在文中指的是什么。

（生说）

师：借助语境。“淡泊名利”体现在哪儿，找出这样的句子。

生1：居里夫人视名利如粪土，她将所获得的奖章送给6岁的小女儿当玩具。

（用这样的方法来引导学生，使学生体会居里夫人的内在美和对工作无私奉献的精神，从而体会词语的深刻内涵）

师：大家想一想，居里夫人是经过怎样的过程和多长时间发现镭的呢？

生2：是经过三年零九个月，在成吨的矿渣中提炼出0.1克镭。

师：可见她的这种无私、持之以恒的精神。那么“淡泊名利”一词说明居里夫人的“美丽”体现在她不计名利的精神上。

这样，采用多角度、多方位的方法，可以使学生加强对词语的理解，领悟词语的深刻含义。

3. 在掌握程度上，变理解为运用

教学中，教师要善于结合课文、联系生活、创设情境等来引导学生学会运用词语，在运用中进一步感悟、内化、积累语言。比如，《尊严》这篇课文中描写年轻人的外貌时用到“骨瘦如柴”一词。教师讲解这个词语时可以让学生去想象这个人的样子，试图让学生对这个年轻人的外貌进行描写。学生可能会说：“年轻人瘦得像干柴一样，脸部没有血色，看上去缺少营养，体力不够。”这样，不仅让学生学会表达，而且让他们理解了这个词语的意思。这样的词语教学，既可以帮助学生理解词语的含义，又可以联系实际生活，增强学生的语言领悟能力，帮助学生感受语言内在的表现能力。如此，学生对词语的意思就会掌握得更灵活，在现实生活中也能活学活用。

4. 在方法手段上，变记忆为感悟

阅读是一个用心感受的过程。因此，感悟、体验是阅读的基本方式之一。通过悟，把握词语的丰富内涵、言外之意、言中之情，以及表情达意上的作用，从而培养语感，提高语言能力。比如，五年级下册《把铁路修到拉萨去》这篇课文中有这样的内容："蓝天白云下的风火山，银装素裹，分外妖娆。"其中对"分外妖娆"一词学生理解起来会有一些难度，因此，笔者在教学中采用这样的方法：

师：对"分外妖娆"你们是怎样理解的呢？

生：形容妩媚、艳丽的景色。

师：哪位同学能做出你看到这么美丽景色时候的表情，或者用语言描述你看到的这种场景？

生1：在这样的环境下心情很舒畅，景色迷人，妖媚的景色令人痴迷。

生2：在这么美的景色当中我真想去拥抱它，感受美景带来的喜悦。

师："分外妖娆"一词用在风火山上，值得吗？值得体现在哪里呢？

生：值得。因为风火山有一种分外妖娆的美，它是"世界屋脊"。

师：风火山有这样的资本，但是风火山并不高傲。青年勘查人员及技术人员经过努力与坚持，终于开辟出这条通往拉萨的隧道。分外妖娆的美景依然停留在风火山上。

通过分析，让学生对"分外妖娆"蕴含的情感、味道有了深刻了解，对词语的理解更加透彻。

通过对以上四个词语教学对策的分析，可以看出，当我们的词语教学丰富多彩、有滋有味时，词语教学这片肥沃的土地一定能培育出更多更美的花朵。

今天，小学阶段的语文词语教学比重在持续加大。课堂上的词语教学质量将直接影响到教学效果和学生的语文水平。在新课改的大背景下，教师要克服困难，努力实现小学语文词语教学水平质的飞跃。在小学语文词语教学课堂上，教师要利用更广泛的手段，全面激发学生的学习积极性。

如何进行小学语文词语教学

词语教学是语文教学中最基础的内容之一，让学生有效地理解课文中的重点词语是一项重要的教学任务。有时候抓住课文中的一两个关键词语，往往可以起到“牵一发而动全身”的效果。然而审视当前的词语教学，一些教师总是竭力回避或者“滑过”；一些教师教得一丝不苟，从字音到字形再到字义进行科学准确的诠释；还有一些教师甚至要求学生照搬、照抄、照背参考书或字典对词语的解释，显得呆板，缺乏生命活力。那么，怎样让词语教学情趣盎然呢？

一、朗读，让词语教学“有情”

古人云：“读书百遍，而义自见。”① 朗读注于目，出于口，闻于耳，记于心，是一个复杂的心智过程。它有助于学生掌握每个汉字的音、形、义，加深对词语的理解和感悟，并且在情感体验上得到升华，对语言的形成和发展具有不可替代的作用。例：人教版小学语文《盘古开天地》词语教学片段：

师：这个词语谁会读？

生：滋润。

师：字音读准了，能读出感觉、读出意思吗？

（生茫然，这样的“词语教学”对他们来说也许是头一次）

师：大家看，这两个字都是什么偏旁？

生：三点水。

师：对啊，水分多了，干燥的秋季变得滋润起来，万物滋润了，人滋

① 程志强等编：《中华成语大词典》，中国大百科全书出版社，2003 年，第 107 页。

润了，感觉就舒服了！那该怎么读？

生：（齐）滋润。（有进步，但还不到“位”，还不够“味”）

师：声音再柔软一点，舒服一点。

生：滋润。（声音很轻柔，感觉很舒服的样子）

尽管学生可以通过工具书知晓“滋润”的意思，但教师引导学生进行有效的朗读，可以使学生不但真正记住这个词语的意思，而且真正懂得这个词语的感情色彩，知道这个词语应该在什么样的语境中运用。此时，“滋润”在他们眼里不再是一个平面单调的词语，它有着充沛的水分，它象征着万物复苏，它更带给人们舒服的感觉。这样，抽象的语言符号化为具体的事物，一下子拉近了学生与语言文字的距离，使学生对语言文字有了感情，有利于学生深刻理解和学以致用。

二、表演，让词语教学“有趣”

有人说：“儿童是天生的演员。”的确，小学生特别喜欢模仿和表演。因此，借助有效的表演，可以使学生获得亲身体验，通过形象的动作、神态理解抽象的词语含义，会比简单的“说教”或借助工具书更深刻、灵动。在表演过程中，学生的心灵也可以得到放飞，想象可以得到展现，创造力可以得到开发。

如在教学人教版小学语文《一个小村庄的故事》的第二自然段中“谁家想盖房，谁家想造犁，就拎起斧头到山上去，把树木一棵一棵砍下来”时，这里的“拎”字表达了小村庄的村民随意砍伐树木的心态。如何让小学生感受到“拎”字背后的随意，以及作者的惋惜与谴责呢？我们可以创设情境，请孩子们分别扮演村民“拎着斧头上山砍树”与“拿着斧头上山砍树”，通过动作的对比，他们一定会切身感受到当时小村庄村民的随意与无知。

三、演示，让词语教学“有味”

词语理解最直观、最便捷，也最让学生感兴趣的方法是演示法。例如教学《乌鸦喝水》时，为了让学生更好地理解“瓶子里的水渐渐升高”一句中的“渐渐”，教师可通过演示使学生理解词义。教师把事先准备好的小石子往装有半瓶水的瓶子里一粒一粒地扔下去，引导学生仔细观察水面的变化。当学生看到瓶子里水面逐渐升高的情景时，教师稍加点拨，学生马上就会领悟到“渐渐”的意思。除了教师演示，学生也可以自己演示。如教学二年级的《从现在开始》中的“轮流”一词时，教师出示词语卡片：“现在，请这一列的同学，开火车读这个词语。”学生读完后，教师启发说：“刚才，你们一个接一个，怎么读了这个词语？”教师指着词语卡片，学生心领神会地答道：“轮流。”

四、多媒体，让词语教学“有景”

使用现代化电教媒体，将词语所表示的意思、意境直观地再现在学生眼前，可以变静态为动态，化抽象为形象，便于他们准确生动地理解。如人教版小学语文《秋天的雨》第二自然段的“五彩缤纷”这个词语比较抽象，当教师教学这一段时，可以利用多媒体适时展示黄色的银杏叶、红红的枫叶、金色的田野、美丽的菊花，孩子们惊喜的目光、张大的嘴巴、啧啧的赞叹声，不正告诉我们，他们已经知道“五彩缤纷”是什么意思了吗？这时，教师只要叫他们认真想一想：这么美的景色，这么多的颜色，如果用一个词来形容，你会用哪个词呢？在孩子们不约而同喊出的词里一定会有“五彩缤纷”。又如象形字的教学，可以运用多媒体课件把其演变过程简单明了地展示在学生面前。在教学“日”字时，屏幕上首先出现一个圆圆的火红的太阳，随着鼠标的控制，那圆圆的红太阳就演变成了一个色彩鲜艳的“日”字。原本抽象的汉字变得具体可感，学生的识字兴趣被激发了。而会意字的教学，可以利用课件提供丰富的图景，学生只需看看画面，对字义就能意会，无须教师多讲。如教学“笔”字时，屏幕上先出现一支毛笔，上面是竹竿，下面是笔毫。学生很清楚地看到竹竿变成“竹”，笔毫变成“毛”字，他们明白了为什么“笔”字是由竹字头和“毛”字组成的，并牢牢记住了“笔”的字形。

五、游戏，让词语教学“有思”

游戏是儿童的心理特征，游戏是儿童的工作，游戏是儿童的生命。在词语教学中，教师如果能恰当运用有效的游戏，不仅能激发孩子们识字学词的兴趣，而且能增强识字学词的效果。例如，教师可以准备“打球”“拔河”“拍皮球”“跳高”“跑步”“踢足球”等词语卡片，同桌两人共用一份。教学方法如下：

（1）同桌两人把词语读正确。

（2）把这些词语中同类的摆在一起，然后说一说为什么这样摆。

（3）归类方法可以任选一种。

组 1：与“手”动作有关的为一类（打球、拔河、拍皮球），与“脚”动作有关的为一类（跳高、跑步、踢足球）。

组 2：由两个字组成的词语为一类（打球、拔河、跳高、跑步），由三个字组成的词语为一类（拍皮球、踢足球）。

组 3：属于球类运动的为一类（打球、拍皮球、踢足球），其他的为一类（拔河、跳高、跑步）。

这一游戏环节不但复习巩固了 6 个新词，还引导学生积极思考，正确地给词语归类，发展了学生的逻辑思维能力。

当然，让词语教学情趣盎然的方法还有很多，不过，我们更要透过表面看到方法背后渗透着的设计理念。

彰显人文性，是让词语教学情趣盎然的关键所在。传统的字词教学只突出它工具性的一面，而未能突显它的人文性，因而显得严谨有余而温情不足。字词教学不但可以教得一丝不苟，还可以教出浓浓的人文关怀，让孩子在学习生字新词的过程中培养情感，陶冶情操，完善人格，和谐发展。

早在半个世纪前，斯霞老师教学《我们爱老师》（一年级）一课时，是这样引导儿童读懂“祖国”一词的：

师：你们可知道“祖国”是什么意思呢？什么叫“祖国”？

生：祖国就是南京。（好多学生笑了，知道祖国不是南京）

师：不要笑。祖国就是南京吗？不对！南京是我们祖国的一个城市，像北京、上海一样。大家再想想，什么叫祖国？

生：祖国就是一个国家的意思。（这个学生对“祖国”的理解扩大了一些，但还不对）

师：噢！祖国就是一个国家的意思。对吗？

生：不对！（答声中也有说“对”的）

师：美国是一个国家，日本也是一个国家，我们能说美国、日本是我们的祖国吗？（因为常有美国、日本朋友来校友好访问，所以学生对这两个国家比较熟悉）

生：不能！

生：祖国就是我们自己的国家。（经过一再启发，学生逐渐理解了）

师：对，祖国就是我们自己的国家。我们的爸爸、妈妈、爷爷、奶奶，祖祖辈辈生活的这个国家叫祖国。（强调一下，使学生加深印象）

师：那么，我们的祖国叫什么名称呢？

生：我们的祖国叫中华人民共和国。

师：对了，我们的祖国叫中华人民共和国。我们大家都热爱我们的——

生：（齐）祖国。

美学教育家朱光潜说：“在文字上推敲，骨子里实在是在思想感情上‘推敲’。”① 教师在教语文（建立词的准确概念），在教思维（层层深入，十分严密），也是在教做人（渗透爱国的情感），要真正做到知识传授、能力培养、思维训练、情感陶冶的融合，实现工具性和人文性的和谐统一。这样，既有助于学生对字词知识的理解、掌握和强化，还能促进学生其他能力与素养的形成，使学生开拓思维，培养语感，激发兴趣，感受到祖国语言文化的灿烂。这样的字词教学显得情趣盎然。

① 朱光潜：《咬文嚼字》，《大学语文》，华东师范大学出版社，1995 年，第 54 页。

激活词语，激发学生学习词语的兴趣

著名语言学家、教育家张志公在教学上提出了一个著名的“带学生从文章里走个来回”的主张：“首先把语言文字弄清楚，从而进入文章的思想内容，再从思想内容走出来，进一步理解语言文字是怎样组织运用的。”①词语是文本构建的基本单位，离开词语探究文本，语文阅读教学将成为无源之水、无本之木。传统的查词典释义或教师直接告诉词义的词语教学，无法调动学生学习词语的兴趣。如何给乏味的词语教学注入生命之水，激活词语，激发学生学习词语的兴趣呢？

一、创设情境，美中赏词

利用小学生的形象思维特点，教师可创设一定的情境，引导学生在优美的情境中赏词、悟词、学文，给学生以新奇感，激发学生学习的兴趣，让单调沉闷的学习氛围变得轻松愉快，让枯燥无味的词语学习变得趣味盎然。教师可根据学生实际情况与教学需要，有的放矢地创设相应的情境，如巧借插图、听音乐、看录像、演课本剧等。在进行《荷花》一文的教学时，一名学生对“冒”字产生了疑问：“老师，我只听说冒烟、冒水泡，会动的东西才会冒，荷花是静止的，课文中为什么用‘冒’呢？”对于学生的疑问，教师没有直接给出答案，而是播放多媒体动画：荷花从荷叶中往外钻的情景。看完录像，一名学生说：“老师，我明白了。我看到了荷花使劲挤荷叶，哪怕只有一点缝隙它也要钻出来。‘冒’字用来形容荷花使劲从荷叶中钻出来。”另一名男生感悟道：“‘冒’字写出了荷花的动态美，同时也写出了荷花充满生机与活力，它其实是不断往外生长的，并不是静止的。”

---

① 庄文中：《张志公语文教育论集》，人民教育出版社，1994年，第5页。

教师巧妙地创设情境，及时点拨，使学生在轻松愉悦的赏荷情境中感悟、探究“冒”字的深刻含义与语言的魅力，升华了学生对荷花充满活力这一特点的体会，让学生走进情境而浮想联翩，既关照了“冒”字的本义，又揣摩了语言文字背后的深刻意蕴，完成了生疑—探索—释疑的自主学习过程。

二、品读文本，触文悟词

品读是学生获取文本信息的基本途径。给学生充分的时间，让学生真正地走进文本，有滋有味地品读，全神贯注地体验，去感受其中绚烂的语言，让阅读触动心灵，激发学生探究、感悟词语的兴趣，这种借助文本探究出来的词语是充满灵性、血肉丰满的。如进行《秋天的雨》第二自然段的教学时，一位教师是这样一步步引导的：教师先让学生自由小声读，并圈出描写颜色的词语，初步感知秋天的颜色美；接着又让学生放声朗读，并相机引导学生读出秋天绚丽多彩的美；最后要求学生闭上眼睛听录音朗读，想象自己仿佛看到了什么。教师待学生听完录音后，让其找出哪个词最能体现秋天的美，学生轻而易举地找到了“五彩缤纷”这个词，他们在充分地与文本对话中感受到秋天的颜色美。在美的情感熏陶下，“五彩缤纷”这个词的含义逐渐丰富，学生对“五彩缤纷”这个词的理解如同春风化雨，悄无声息，对词语内涵的认识更加深刻。

三、举一反三，融会贯通

教师从学生对文本的感悟出发，精心设计对话切入点，引导学生亲历文本，在与文本的对话中，内化语言材料，触动心灵，唤醒原有的词汇积累，再利用旧的词汇过渡理解新的词语，使新词在旧词的再现中逐渐清晰明了。如在《飞夺泸定桥》教学中，一位教师是这样引导学生探究“千钧一发”的含义的：教师先引导学生深入文本，感悟红军处境的险（① 地势险要——泸定桥离水面十多米，只剩下十三根铁链；② 重兵把守；③ 桥头燃起熊熊大火）。在教师的指引下，在充分与文本对话的过程中，学生头脑中自然浮现出“险”字。接着教师又引导学生说出形容“险”的词语，此时学生触“险”生词，脱口而出，“危在旦夕”“生死攸关”“迫在眉睫”。在感触红军惊心动魄的险境中，学生各抒己见，平常积累的描写“险”的词语便如泉涌。最后，教师又引导学生回到文本情境中，“在这千钧一发的时刻”是指什么样的时刻呢？此时，在文本语境徜徉中，在原有词语的重现中，“千钧一发”的含义就了然于胸了。

四、分析比较，赏词悟文

探究词语必须有一个整体的语言环境为依托，只有在对文本整体感知的基础上探究词语，才会让词语充满生命的色彩。教师应引导学生在文本的语境中替换词语，比较词语，探究词语，从而感悟汉语用词的艺术，培养对词语的感受、理解、欣赏、评价能力。如在《盘古开天地》一文的教学中，一位教师采取欲擒故纵法，在朗读时故意读错字，把“用脚使劲蹬着地”读成“用脚使劲踩着地”，学生马上纠正教师：应该是“用脚使劲蹬着地”。教师笑着说：“哦，是我读错了，盘古的脚要用很大的力。”有的说：“从‘蹬’字我还知道了盘古的伟大，他要把天地分开是多么辛苦啊，可他没有放弃，始终头顶着天，脚使劲地瞪着地，直到累倒。”在学生独立阅读文本的过程中，在师生共同合作探究词语的运用的过程中，学生不但感悟到“蹬”字的本义，而且透过“蹬”字联想到了盘古伟大的人格，从而进一步深化了对文本的阅读。

斯宾塞说过：“应该引导儿童进行探讨，自己推论。给他们讲的应该尽量少些，而引导他们发现的应该尽量多些。”① 词语教学应是教师智慧的引领与学生自主的探究并举，课堂上让学生用自己的眼睛、自己的观念、自己的心灵去阅读文本，感悟、探究词语，如此，学生对词语的理解才会由肤浅走向深刻，由片面走向全面。如此，既可激发学生学习词语的兴趣，又可培养学生的语文能力，从多方面提高学生的语文素养。

---

① 斯宾塞：《教育论》，胡毅译，人民教育出版社，1962 年，第 62 页。

创设情境，提高学生口语交际能力

《义务教育语文课程标准（2022 年版）》在总目标中明确指出，学生应“学会倾听与表达，初步学会用口头语言文明地进行人际沟通和社会交往。能根据需要，用书面语言具体明确、文从字顺地表达自己的见闻、体验和想法”。这一精辟的阐述告诉我们：口语能力的培养，对于每一个年龄段的学生来说都是非常重要的，并且存在着不同程度的难点。对于低学段的小学生来说，口语能力培养的难度更大，更富有艰巨性。下面，笔者结合自己的教学实践谈谈对口语交际教学的几点体会。

一、用激励唤醒表达欲望，让学生敢说

学生是学习和发展的主人。在口语交际教学中要从学生的实际出发，让学生能够积极主动地参与口语的交流。这就需要教师营造一种轻松、和谐的课堂气氛，使学生身在其中，跃跃欲试。教师的定位应是课堂的启发者、引导者，是学生的学习伙伴。

口语交际课上，教师要通过激励唤醒学生内心的表达欲望，要重视对学生兴趣的激发。学生有兴趣，才有交流的动机；有兴趣，才会思维活跃。培养兴趣的途径之一是“激励”。人的深层需要包括渴望被别人赏识的需要，低年级学生更是如此。教师应该用肯定和表扬的方式来保护他们的自尊心，激发他们的上进心。教师应重点评价学生的参与意识和情感态度，不必重在结果的评价。口语交际教学是实践性很强的教学，只有人人都参与实践，才有可能做到人人都得到提高。教师应让每个学生都有参与口语交际实践的机会。

要重视开展激励性的教学评价。胆小话少的学生往往缺乏语言交际的

自信心，教师应该给予他们更多的关注与呵护，给他们一个宽松、宽容的环境，让他们无拘无束地交谈，让他们主动积极地参与口语交际实践活动。例如，在进行《我有好本领》教学时，一位教师在多媒体课件中制作了“小能人”的动画并配了声音，当平时课上很少发言的学生说出自己的看法时，“小能人”就会笑着竖起拇指说：“你说得真棒!”或者说：“你的进步真快!”“没想到你这么聪明!”“相信你还能说得更好!”学生听了这些话，总是抑制不住内心的喜悦，参与表达的积极性明显提高。教师还可以根据教学内容设计一些小奖品，如故事图片、知识卡片，或者让学生当一次小老师等，有效地使用激励方法，一个微笑、一次点头、一个眼神、一句赞扬都会在学生心中扬起希望的风帆。所有的做法，目的只有一个：让学生树立表达的自信心，让学生在心中对自己说“我能行”。只有教师平等对待所有的学生，口语交际的教学目标才能真正实现。

二、创设愉快的氛围，让学生想说

李吉林老师在《情境教学与儿童的语言发展》一文中写道：“通俗地说，言语的‘发源地’是具体的情境。……在一定情境中产生语言的动机，提供语言的材料，从而促进语言的发展，也促进学生整体素质的发展。”① 低年级学生年龄小，形象思维占主要优势，教师创设多种多样的情境可引起学生口语交际的欲望，激发他们口语交际的热情，让他们在轻松愉快的氛围中进行口语交际。

1. 用表演创设情境

苏霍姆林斯基说：“儿童是用形象、色彩、声音来思维的，但这并不意味着他应当停留在具体思维上。形象思维是向概念思维过渡的必不可少的阶段。”② 教学中，笔者经常请学生上台表演，学生对表演的兴趣很浓。通过表演，学生的观察、思维、想象和表达等能力都得到了充分的发展。如进行《打电话》教学时，笔者创设了打电话的几种情境，学生们争着上台

---

① 李吉林：《美·智·趣的教学情境》，人民教育出版社，2006 年，第 88 页。

② 苏霍姆林斯基著；杜殿坤编译：《给教师的建议》（2 版修订版），教育科学出版社，1984 年，第 195 页。

表演，课堂气氛非常活跃。通过表演，学生懂得了打电话的礼节，如讲话时要面带微笑，声音不要过高，自觉运用“您好”“再见”等礼貌用语。

2. 用语言描绘情境

教师用富有感染性的语言为学生创设情感画面，可使他们积极主动地融入角色，找到情感共鸣点。如一位教师在教学《找春天》一课时，上课开始，播放歌曲《春天在哪里》，教师伴着乐曲，通过语言形象生动地描述，把学生引入流水潺潺、绿草如茵、花红柳绿、百鸟欢歌的春天美景中，激发学生对春天的喜爱之情，引发学生口语交际的欲望。

3. 用实物创设情境

小学生的智力发展尚处于低级阶段，他们观察事物往往比较粗略。在大多数情况下，小学生完全不会观察，教师的任务就是教他们学会看、听、感觉。因此，在低年级小学生说话时，教师要教会他们观察。直观形象的实物展示，能很快吸引学生的注意力，易于学生观察。如《你喜欢吃哪种水果》一课中，教师把一个金黄的芒果呈现在学生面前，直接刺激学生的感官，随着教师的点拨，学生纷纷踊跃举手发言。

4. 用多媒体创设情境

利用多媒体创设情境，具有生动、形象、逼真的特点，让人有身临其境的感觉，学生十分感兴趣。教师根据口语交际内容，为学生营造一个想象的空间，不仅有利于学生捕捉说话的内容，还有利于他们现场的发挥，使他们的表达更逼真、更生动。如在教学《我坐上了飞船》这课时，笔者用视频展示夜空中的美景，飞船、地球、高山等景物一目了然，学生仿佛身临其境，很快就能准确读出文中每一句话所写的景物是什么。最后，笔者让学生想象，如果自己坐上飞船，在太空中会看到什么。学生闭上眼睛，边听音乐边想象，畅所欲言。这样教学效果极好。

三、教会学生言之有序，让学生会说

想说、敢说是口语交际训练的前奏，会说才是口语交际训练的正曲。由于小学低年级学生生活经历少，口语能力较弱，有时想说却不知如何说或不知从何说起。要解决这个问题，教师需要指导口语交际的每个具体环节，规范学生的口头语言，使之言之有物、言之有序、言之有情，使学生会说。

1．观察环节，指导学生按顺序仔细地观察

可使学生掌握观察的方法，再按照顺序去说，就能言之有序。如《吹泡泡》一课中，笔者指导学生首先从整体上观察泡泡连起来像什么，再看一个一个的泡泡像什么，最后仔细观察泡泡的颜色。

2．说话环节，指导学生说清楚、说详细

教师通过提问助说可以丰富学生的说话内容，使学生有内容可说，能说清楚、说具体，言之有物。如进行《吹泡泡》教学时，教师问："我们刚才在哪里吹泡泡？""远看泡泡像什么？"同时启发学生把描绘泡泡颜色和形状等的词语用上。"泡泡真漂亮，五颜六色，像一串葡萄。""哇，这么多的小彩球连起来，真好看。"一句句美妙动听的语句此起彼伏。

3. 提供句式，帮助学生理清思维

学生说话时，教师适时地提供一些句式，可以帮助学生理清思路，使学生有序地说。如《吹泡泡》教学中，描绘泡泡的形状时要求学生运用"有的……有的……"句式。教学《我的家》时，说家里有几个人，分别从事什么职业，要求学生运用"有……有……有……"句式。

4. 拓展延伸，激发学生想象力

小学低年级学生的想象力特别丰富，只要教师稍加点拨，学生的想象思维就会迅速打开，学生说话也就言之有情了。如教授《吹泡泡》一课时，教师启发："飞呀、飘呀，泡泡飘到哪儿去了呢？""你想对泡泡说什么？"经过教师提醒，学生妙语连珠。有的说："我想对泡泡说，你真了不起，能飞这么高。"有的说："我想和你飞到天空上，去看看世界有多大。"有的说："你飞这么高，千万要小心，注意安全呀！"

总之，培养学生的口语交际能力，不是一朝一夕的事，它是一个长期的过程，必须坚持不懈地努力。在口语交际训练中，教师要时刻做一个有心人，充分地、合理地利用课内外的一切机会，创设情境，激发学生口语交际的兴趣，正确地、灵活地引导学生在有听有说、有评有议中进行多向交流，真正达到使学生“敢说”“想说”“会说”“乐于表达交流、善于表达交流”的口语交际训练目标，从而让学生终身受益。

小学低年级语文看图说话写话教学的策略

小学低年级作文主要是看图说话训练，中高年级以看图作文为主。无论是看图说话还是看图作文，都是借用栩栩如生的画面培养学生的观察力、想象力和发展学生形象思维的一种有效方法，可以为学生作文打下坚实的基础。那么，如何指导小学生看图说话和看图写话呢？

一、引导学生仔细看懂图

看图作文是材料作文的一种，看图是手段、是基础、是突破口，作文是目的、是重点、是结果。不会看图，或者没有看懂图意，就无法成文。所以，教师应该让学生首先理解图画，掌握这幅图的主要内容，把文章中心确定下来，然后再作文。那么，怎样指导学生看图呢？首先，从整体入手，弄清画面上画的是什么时间、什么地方，都画了些什么，画面中都有谁，他们在做些什么等，大体了解图意，掌握基本内容；其次，有顺序地对图画的每个局部进行观察和分析，明确人物之间与各部位之间的关系，抓住图画的主要内容；最后，抓住重点和细节，深入观察和想象。如笔者指导《邮递员》这一看图作文时，先让学生观察人物的外貌，根据人物的长相、穿着确定他的年龄，然后指导学生观察图上的人物手上拿的是什么，以此判断雨下得很大，从邮递员冒雨送报的画面产生全心全意为人民服务的思想。

二、引导学生通过想象，丰富画面，发展思维能力

在学生观察画面的同时，教师应适时点拨，让学生展开想象的翅膀，既要看出画面上的内容，又要想象出画面外的内容。例如，看图写话《救

小鸟》，图中内容是：一个小男孩看到一只猫爬上树，想吃树上的两只幼鸟，正向幼鸟逼近……笔者在教学时，引导学生思考4个问题。① 图上画了什么？发生了什么事？② 当小朋友发现猫要吃小鸟时，他当时是怎样想的？③ 他想出了什么办法？④ 他是怎样救小鸟的？让学生置身画面中小朋友的处境，说一说，演一演。通过引导，学生能说出各种各样新奇的答案。同时与画面相关的细节、想法及情感也融进了画面，学生的创造性思维活跃了，画面丰富了，写出的话也就生动了。

三、训练学生会“说话”

小学低年级学习写作的儿童，需要通过自己的有声语言来扩展思路，只有说得明白，才会写得清楚。学生刚入一年级时，对周围的一切都充满了好奇和陌生。因此，在第一堂课上，笔者让他们大胆地自我介绍寻找朋友，笔者先作示范：“我姓齐，是一年级的语文老师，我想和你们做朋友，你们愿意吗?”然后鼓励学生自己来找朋友，他们一个个都找到了自己的朋友，手牵着手回到座位上，心里乐开了花。第一次“说话”让他们感受到了其中无穷的乐趣。以后每节语文课上笔者都安排一分钟的“巧嘴巴”活动，让一两名学生上台来说一两句话，并及时给予表扬和鼓励。笔者还常开展讲故事、讲笑话、猜谜语等活动，训练学生的口头表达能力。笔者在教学中特别注意保护儿童说话的积极性。在一次教学“能说会道”课上，笔者要求学生介绍自己最喜欢吃的水果，一位同学站起来介绍说：“我喜欢吃的水果是梨。我家院子里就栽了一棵梨树，一到秋天，爷爷就用叉子叉下来给我和弟弟吃，咬一口，满嘴都是水，好吃极了……”于是，笔者连忙鼓励说：“说得很好，把老师给说馋了，我仿佛看见了爷爷在‘叉’梨的情形。”听到老师的真诚表扬，每个同学都积极地想把话说好。说话时可采用自己小声说、同桌说、小组说、指名说等形式。教师对每个学生的发言都要及时小结，积极肯定优点，提出改进意见。

四、训练学生会“写话”

1. 训练学生写通顺的句子

由于低年级学生的年龄特点及他们识字量的限制，对他们的写话训练要求不能过高，不管写得好与坏，只要通顺即可。开始，可让学生收集自己喜欢的图片，附上一两句话，不会写的字用拼音代替，在班上展示自己的采集、描述、审美能力，这样有利于他们消除畏难情绪，树立自信心。例如，① 小红的裙子真漂亮。② 小明很调皮。③ 奥特曼真厉害。对这样简短的句子，教师启发扩展如下：① 小红的裙子怎么个漂亮法？漂亮在哪里？为什么会这么漂亮？② 小明怎么个调皮法？这种调皮好吗？好在哪里？不好在哪里？③ 奥特曼哪些地方厉害？再发展到写两句、三句话……最后发展到写自己喜欢、熟悉、常见的事物。

2. 训练学生写具体生动、富有个性的话

由于句子上连词语，下通篇章，是学生从字词学习进入作文训练的过渡。因此，笔者特别重视写句子的指导，让学生写出高水平的句子，为写好作文打下基础。课文是学生习作最好的范本，低年级的文本文质兼美，富有儿童情趣，并配有活泼的画面，有利于激发学生的阅读兴趣，读起来朗朗上口，易记易背。在教学中，教师应充分利用课本资源从阅读中领悟语感，用词造句。另外，语文百花园中安排了“读一读”“背一背”“熟记成语”“我的采集本”等内容，应让儿童多读、多背、多记，尽可能多地积累词、句，为丰富学生的语感打下基础。如二年级上册，语文百花园中的“我的采集本”中有这样的句子：①河水哗哗地流着；②小马嗒嗒嗒跑过去；③小鸟叽叽喳喳叫个不停；④ 天上响起隆隆的雷声。这些句子因为用上了象声词，很生动。教师应引导学生在写话时把学到的精彩片段应用于写话中，还要注意平时的积累和练笔，鼓励学生把看到、听到、想到的事随时记下来，特别鼓励富有创意的表达。

指导低年级学生看多幅图时，教师要引导学生注意看图方法，注意每一幅图与其他图的联系，还要特别注意把每一幅图看全面、说全面，不能没根据地乱说一气，这样才能引导学生写出完整、通顺的句子。

第三辑

阅读教学策略

引论

阅读教学作为小学语文教学的重要组成部分，在小学语文教学过程中发挥着非常重要的作用。小学阶段是儿童学习的启蒙阶段，这个阶段养成的阅读习惯和学习方式对于学生整个人生的发展都有着十分重要的影响。语文作为我们的母语学科，不仅承担着激发学生学习兴趣、引导学生读书识字的重要责任，更承担着传承中华优秀传统文化，培养学生正确的世界观、人生观和价值观的重任。小学语文阅读教学是培养小学生学习能力的起点，只有阅读能力提高了，小学生的理解能力才会越来越强，对文字的识别及分析能力才会进一步提升。在下面这个部分，笔者结合教学实践，梳理阅读教学方面的思考与经验。

突出主线，让阅读灵动飞扬

语文阅读教学一定要突出一条主线，即语文学习和情感渗透的结合，这样才能使学生的语文学习能力和认识事物水平同时得到提升。在课堂教学中，如何突出阅读教学的这条主线呢？笔者在二十多年的语文教学实践中，总结出了下面几点经验。

一、要明确目标，找准引导方向

阅读教学，要以促进学生语文能力和认识能力的统一发展来确定教学目标和引导方向。只有教学目标明确，引导方向正确，才能促使学生正确理解语言文字和认识客观事物，从而得到全面发展。

1. 遵循作者的思路

每一篇文章的作者都有自己的写作意图和思路，都有要抒发的情感，每一篇文章都有自己独特的行文线索。由文本中主人公或事情发展所直接表现出来的线索，叫明线，是作者在组织文章材料的过程中表现出来的线索。由文章中次要人物活动或事情发展所表现出来的线索，叫暗线。明线和暗线两条线索构成一篇文章的整体。例如《记金华的双龙洞》一文主要记叙了作者游览金华双龙洞的情景，表达了对祖国大好河山的喜爱，赞美了大自然的神奇。文章双线结合，明暗交融。明线是作者的游览顺序：路上、洞口、外洞、孔隙、内洞、出洞。暗线为泉水的流经路线（和明线的浏览顺序正好相反）：石洞、内洞、孔隙、外洞、洞口、山下。这一明一暗的两条线索紧密结合，交织在一起，使课文的脉络十分清楚明了，所描述的事物的方向、位置和作者观察的顺序及角度都特别清楚。教学时，笔者根据学生的实际，从明线即作者的游览顺序入手，让孩子们通过对语言文字的理解，体会作者热爱祖国美好河山的情感，以及欣赏美丽的大自然的浓浓情趣，从而激发起孩子们对祖国秀丽河山的喜爱和赞美之情。

2. 把握时代的育人要求

语文教材所选的课文大都有丰富的内涵，学生能从不同的角度受到深刻的启发和教育。笔者根据时代的育人要求，挖掘教材中固有的教育因素，确定引导方向。如《西门豹治邺》主要写了西门豹管理邺地时，破除迷信，惩治首恶分子，并兴修水利造福于民的事，这是一个历史故事。过去教学这一课时，主要是进行破除封建迷信，惩治坏人方面的教育。今天，站在时代发展的高度教学这一课时，笔者则注重引导学生学习西门豹重视调查研究，讲究斗争策略，有着杰出的管理才能等优点。

3. 扣准学生的实际水平

小学语文教材中的课文内涵有深有浅，教学时教师要从学生的实际出发加以调整，深文浅教，浅文深教。如在教授《少年闰土》这课时，笔者觉得应把握教材实际、结合学生实际确定指导的方向。教学中让学生认识"我"眼中的闰土是个怎样的少年，情感上有什么发展变化，学会抓住特点写人物的方法即可，不必深究旧中国的社会根源，也不必生硬地探讨当时广大人民的痛苦。

二、要掌握好"层层深入"的教学方法

"层层深入"，就是学生语文学习的能力逐步提升，对语言文字的理解逐步深化的过程。在课堂教学中，"层层深入"的教学方法，有利于培养学生的思维能力，引导学生掌握学习方法，帮助学生取得成功。"层层深入"教学过程主要是通过课堂提问反映出来的。从实践中，笔者体会到：课堂提问不仅应具有启发性，能够启发学生积极思考，还要体现出训练的层次性。如《白杨》一文是借物喻人，作者借戈壁滩上白杨的特点来赞扬扎根边疆、建设边疆的建设者们的伟大精神。根据作者思路，为了做到"层层深入"地引导，笔者设计了以下 4 个问题。

① 白杨树具有什么样的特点？

② 旅客为什么望着戈壁滩的白杨出神？

③ 旅客借此表明了自己什么样的心愿？

④ 看见高大的白杨树身边茁壮成长的小白杨时，旅客嘴角为什么浮起一丝微笑？

通过对这 4 个关键性问题进行层层深入的研读，学生便认识到作者的写作意图；体会到边疆建设者们无私奉献、不畏艰辛的精神；受到要服从祖国的需要，在艰苦的环境中坚强成长的教育。不断的教学实践经验告诉我们，要掌握好“层层深入”的教学方法，就必须把作者的写作意图、学生的学习目标和教师的教学方法三者有机结合起来，只有这样才能达到教学目的。

三、要因势利导，循循善诱

无论是理解的逐步加深，还是认识的逐步提高，都要靠学生自己的思维活动，在教学过程中，要把三个思路统一起来，靠的是教师的引导。教师要善于结合学生的学习需要，针对学生的思维，遵循作者的写作意图，调整自己的课堂教学方法。要做到这一点，应该从下面两个方面入手。

一是要鼓励学生学会独立思考，懂得要吐真言、道真情，大胆表达自己阅读课文的体会和感受。只有这样，教师才有可能了解学生思维活动的情况，及时正确地进行引导、点拨。如在教学《一夜的工作》一文时，为了理解表现周总理“工作劳苦”的内容，笔者设计了下面的问题。

① 要求学生用横线画出体现周总理工作劳苦的句子，认真读一读。

② 认真体会，说说你的感受。

以上两个问题要求学生能够抓重点词句，说出自己的感受。有的学生说，从周总理“工作量大”“工作认真”可以体会到周总理工作劳苦；有的学生说，周总理不辞劳苦的工作精神值得学习；还有的学生激动地说：“周总理不愧是我们的好总理，为了国家大事，宁可不休息，也要把当天的工作干完，我们爱戴周总理。”孩子们的思维与文本和作者产生了共鸣，达到了预期的教学效果。

二是要针对学生的思想实际加以点拨。所谓“点拨”，不是简单地加以肯定或否定，也不是直接告诉学生一个正确的答案，而是要引导正确的思维途径和解答方法。如果在教学中学生的理解符合作者的思路，符合文本的表达方向，教师要设法引导，使这样的理解得到强化，从而引起全班学生重视，使之成为大家的共识；如果学生的理解不符合作者的思路，不符合文本的表达方向，教师就要适时地加以引导，以便更有效地促使学生朝着预定的方向发展。

在进行《五彩池》一文的教学时，品读课文之后，笔者问学生："假如你来到藏龙山，你最想做的是什么?"有的学生说要画一幅漂亮的画，把五颜六色的池水画下来；有的学生说要和五彩池合影，带回去保存在相册中做永久的留念；有的学生说要唱一首赞歌，赞美五彩池……忽然，有一个学生说："我想到五彩池里去学习游泳。"同学们哄堂大笑，有好几个学生也随声附和说想去游泳。这时，笔者没有急于制止学生，而是请他们再次细细品读课文，发表意见，能或不能都要说明理由。引导学生认真阅读课文后，通过一场小小的辩论收到了很好的学习效果。让学生叙说自己的思维过程，促进了学生语文能力和认知能力的同步发展。

总之，在阅读教学中，只有抓住语文学习和情感渗透的结合这条主线，定准方向，掌握好"层层深入"的教学过程，才能更好更快地促进学生语文能力的发展。在进行语文阅读教学时，生本之间、生生之间、师生之间充分对话是学生、教师、文本三者之间实现有效交流的前提和保证。

阅读教学中呈现出来的精彩，应当是学生独立的思考，自主的交流，丰富的情感体验；应当是学生在朗读中细细体会、领略，在对话中发掘和创造而产生的人生感悟。教师要努力让生本对话，让学生学会在文本阅读的过程中理解、感悟、欣赏和评判；努力让学生在生本对话的每一个场景中放飞灵性。

小学语文课堂阅读教学中“读”的策略

阅读是搜集处理信息、认识世界、发展思维、获得审美体验的重要途径。阅读教学是学生、教师、文本之间对话的过程，是小学语文教学的核心和灵魂。“读”是培养学生综合性语文能力的客观要求和最重要的途径。阅读能力不是讲出来的，不是分析出来的。针对以往语文课堂上出现教师“满堂灌”的现象，许多有识之士呼吁阅读教学要返璞归真，实行“以读为本”，要让琅琅的书声回到教室。其实，阅读是学生的个性化行为，不应以教师的分析来代替学生的阅读实践。因此，在阅读中情要在读中悟，理要在读中悟，法也要在读中悟。

“以读为本”就是指在阅读教学过程中“要让学生充分地读，在读中整体感知，在读中有所感悟，在读中培养语感，在读中受到情感的熏陶”。“以读为本”，并非要阅读教学倒退到私塾式的教学形式。如果让学生一味地读，整堂课都是学生捧着书，不知所云地摇头晃脑地背课文，这大概是没有人会同意的。我们需要考虑的是，在课堂上，教师如何扮演好“组织者”和“引导者”的角色，带动学生通过读逐步深入地理解课文，展开与文本的对话。

教师在组织教学时，应吃透“两头”：一头是“文本”，根据文章本身的特点，确立一条指引学生理解文章的思路，使学生更容易地与文本展开对话；另一头是“人本”，能始终引发学生的阅读需要，激发学生阅读课文的高涨热情，有效地提升学生的语文素养。只有吃透“两头”，才能做到“以人为本”“以读为本”，自觉地将“读”贯穿于教学全过程，引导学生自读自悟、自求发展。如何才能提升小学语文课堂阅读教学的实效，在课堂教学中教会学生如何去“读”呢？下面笔者谈谈自己的做法。

一、小学语文课堂阅读教学中“读”的方法

1. 给学生一定的阅读时间

教师应根据年级、学生情况、教材特点安排每节课的朗读时间，并自我监控。要有充分的时间让学生正确地读课文，在初步理解的基础上表达性地朗读，要留够时间让学生试读、练读，读出感觉，读出情趣，还要留出读后评议的时间，通过评议，强化朗读的激励功能、诊断功能。“书读百遍”“读书破万卷”，没有充足的时间怎能做到？朗读也是一项技能，只看、只听、只分析，不反复实践，是难以掌握这项技能的。小学语文教育专家朱作仁教授曾经打过一个比方：“一堂课 40 分钟是个常数，好比一块蛋糕，你把不必要的讲解、提问切多了，留给学生实践的蛋糕就少了。而缺少必要的实践，又怎能大幅度提高学生的语文能力呢？”① 因此，课堂上应精讲多读，以讲促读，让学生有一定的时间来朗读，真正让学生做到在“读”中理解课文，在“读”中体会思想感情。

2. 课堂教学做到精、简

对于教学内容的选择要“精”。教师首先要对教材有自己的理解和思考，认真领会教材的编排意图，然后要站在学生的角度去选择教学的内容。此外，教学环节要简，不能面面俱到地分析课文内容。一堂课 40 分钟，教师应本着“浓缩是精华”的原则来组织教学，抓住重点、难点、疑点，指导学生自己读懂课文，做到以读为本，多读少讲，以读代讲，以讲促读，讲读结合。让课堂跟着学生的需要走，让学生多读、读好，细细品味语言。

3. 精心设计读的形式

在语文教学过程中，为了让学生根据教师提出的问题，理清文章脉络、划分段落层次，教师应引导学生细心默读；为了引导学生提高兴趣，深入理解内容，体会人物思想感情，对故事情节或对话较多的课文，教师应指导学生进行分角色朗读，对于句意连贯的句式或段落，采用层层点拨设问、

① 李争平、丁志鹏主编：《小学新课标资源库（语文卷）》，北京工业大学出版社，2004 年，第 198 页。

步步引导读的形式；为了让学生能“以读悟语、以读悟情”，教师要敢于放手，“有扶有放”，“有错有纠”，让学生在“多读”中领悟文章的内容，学到知识。从学习过程来讲，朗读可分为初读、细读、品读、诵读阶段；从形式来讲，朗读可分为齐读、轮读、示范读、领读、分角色朗读等，可谓形式多样。教学中可结合学生年龄和教材特点，采用朗读竞赛、分角色朗读等方式来调动学生的阅读兴趣。通过灵活多样的方式，为学生创设有吸引力的学习环境，充分调动学生的积极性，让他们真正成为学习的主人。

二、教给学生多种读的技巧

要想使学生对阅读产生浓厚的兴趣，就应该教给学生“读”的技巧，让他们运用多种形式去读，有目的地读，这样才能帮助学生在读中不断加深理解，实现学生与文本的对话，产生良好的阅读效果。

1. 通读感知——自由高声朗读，把课文读准确、读流畅

我们拿到课文，毫无疑问，首先是通读一遍，对课文进行“整体感知”。然而，在以往的课堂教学中，我们很少听到教师开始就说“自由高声朗读，把课文读准确、读流畅”，大多数教师会想方设法地巧设导语，或创设情境，或改变教学程序，出其不意地“直奔中心”等。当然，做得好，这样会使课堂更灵活，更能发挥师生的创造性，提高阅读效益。但也有许多课前的导入没有从学生的实际需要出发，只是为了标新立异，有“作秀”之嫌。譬如课堂一开始，教师就问学生：“你最喜欢读哪个段落？为什么喜欢？”试想，学生没有对课文做充分阅读，何来感悟？

假如教师能更多地从培养学生的读的能力出发，这个阶段，不管怎样设计导语，都必须给学生提供充足的通读课文的时间，让学生借助各种阅读工具自由地、充分地朗读课文，感知课文中的语言信息，把课文读通并初步读懂。今天，我们从不少示范课、示范光碟中看到，教师一进教室，就非常坦白地说：“请同学们自由高声朗读，把课文读准确、读流畅。”这话是那样朴实、真实，体现出教师“以读为本”的新理念，有助于学生养成良好的“读”的习惯。

良好的“读”的习惯，还需要教师严格地培养。很多教师在新的一课开

始时，总是让学生反反复复地读课文，自由读、指读、“开火车”轮读，对于难读的长句，教师还进行示范辅导。笔者觉得，花这个时间是非常有必要的。

2. 细读悟语——你读懂了什么？

通过细读，梳理文章脉络，理解课文内容及表现形式，做到有所感悟，这是阅读教学的主要任务之一。必须强调的是“细读悟语”的“悟语”包括两层意思，既要感悟语言所传达的思想内容，也要感悟语言的表现形式，即学生在阅读过程中，要能理解课文内容，并透过内容有所感触和领悟，包括对道理或思想感情及表达方法等的领悟。

“细读悟语”阶段的教学最能反映教师的创造力，往往是课堂教学中最精彩之处。教师在评课时，常用“高潮迭起”“异彩纷呈”等词来表达赞美。但教师在追求这些效应时，却往往犯这样的毛病：语言训练不扎实，忽略了学生深入地“读”课文的过程，使分析架空，也就是忽视了学生语感能力的培养，不是教师拼命地讲解与分析，就是学生游离了课文的语言，高谈阔论。

教师必须引导学生对课文进行仔细阅读，问一问学生读懂了什么。在学生自读自悟的基础上，开展学生、教师、文本之间的对话，这些“对话”反过来促进学生对文章的细读，发展学生的语感。要保证学生细读的质量，细读必须体现以下 3 个特征。

（1）读思结合。读，要目的明确，语文课堂提倡书声琅琅，但“读”并不是一遍遍地无目的地阅读。读，要一遍有一遍的目的，一遍有一遍的效果。如果读的要求模糊、不明确，读的要求不到位，只能起到事倍功半的效果。所以，教师应让学生带着问题去读。问题有时可以是教师点拨的，但教师更需要培养学生自己发现问题的能力。让学生有意识地将课文与先前的生活经验、阅读经验联系起来，找到所学课文的不同点，从而发现问题。有了问题，学生带着问题读书，目标明确，就能读有所得，读有所悟，在阅读实践中逐步学会独立思考，学会读书。

（2）读议结合。课堂就是同学们交流的平台，读书要与讨论交流相结合，要强调师生互动、生生互动。《义务教育语文课程标准（2022 年版）》支持学生开展自主、合作、探究性学习，为学生的个性化、创造性学习提供条件。没有交流，与文本的对话就无法开展，交流会促使阅读活动更加深入，交流也会使学生走出一些阅读误区。但教师应适时点拨、导读。读议结合，以议促读，以读促悟，以悟导读，让学生在课堂上充分自由地开展阅读活动。

（3）读练结合。阅读教学离不开语言文字的训练，各种训练都要以读为基础。阅读练习并非是要学生拿起笔来写，教师通过比较读、替换读、删除词读等的精心设计，可以让学生体悟语言，培养学生的语感，提高学生的语文能力。

如在《爬山虎的脚》一文的教学过程中，由于在笔者所在学校和地区爬山虎很少见，无实物可供观察，因此，爬山虎的“脚”长在哪儿及“脚”的样子就成了教学的难点。于是，笔者以读为突破点，解决难点。

笔者让学生读课文，看看第几自然段介绍了爬山虎的“脚”长在哪儿，它的“脚”长什么样子。此时，学生只是照本宣科地读了一遍，并未将书上的文字内化为自己的理解。于是笔者又让学生仔细读一读，边读边想，在头脑中画出爬山虎的“脚”的生长位置及样子，也可以动笔画一画。这样，教师引导学生进行尝试性读，在读中感悟，将呆板的文字变成画，同时，也教给学生一种理解课文的新方法。学生边读边思考，小组合作作画。这时，笔者发现全班竟没有一位同学画对，但笔者并没有急于把正确的答案告诉学生，而是将学生的画展示给全班同学看，然后让学生再读课文，边读边想画得对不对。此时的学生不再停留在文字表面，而是真正走入文字。一会儿，他们就发现自己画错了。当笔者再次让他们画时，他们一下子就画对了。接下来，笔者又让学生把领悟到的读出来，进行品味性读。读的过程中既要追求信息的吸收、内容的理解，还要努力理解、体验、内化所读材料的语言表达形式。

3. 品读悟情——为什么这样读?

有了对课文内容和作者语言特色的理解，我们就会自然地从心中产生一种与作者心灵沟通的需要，这就要通过有感情的朗读来实现。教师应引导学生对课文进行品赏玩味地读，更深入地去感悟作品所表达的思想感情。

在这一环节读的过程中，教师往往出于自己对课文的感悟，精心辅导学生“应该怎样读好课文”，将朗读指导到位，刻意采用“渲染导情”“范读激情”等手段教学，但有时效果不一定好，因为学生的感悟与教师的不一定是同步的，这样做也忽略了学生的主体性。这时，教师不妨通过导语引导学生读，让他们根据引导的思路自己再品读，采用“读中悟情”“评读促情”的办法进行辅导。

例如《丰碑》一文，描写了中国工农红军行军途中发生的一件感人肺腑的事，反映了战争时期的艰苦生活，赞扬了军需处长舍己救人的伟大精神。故事离学生生活实际遥远，学生常常品读不到位，理解不到位。因此，在初读课文、整体感知的基础上，笔者让学生找一找军长一共说了几次话，每次说话时都在想什么。在学生们体会了军长复杂的思想感情变化之后，笔者设计了如下引读：

师：军长思索着，他为什么没有穿棉衣？为什么没有人发给他棉衣？一定是军需处长遗漏了！一定是军需处长贪污了！他愤怒极了，于是，他大声喊道：

生：“把军需处长给我叫来！”（学生也被激怒了，读得淋漓尽致）

师：只见队伍中没有人言语，军长更加愤怒了，他用尽全身力气大声嚷道：

生：“听见没有，警卫员？叫军需处长跑步过来！”（学生仿佛就是军长，入情入境）

师：（语气低沉地）“他就是军需处长……”军长一下子愣住了。

生：他向前走了几步，深情地注视着眼前这位死去的战友，慢慢地举起了右手，庄严地行了一个军礼，泪水润湿了他的眼睛。（学生被感染了，低沉地、哽咽地读着……）

像这样充满感情色彩的语言，以及教师的情感引读，使学生深切感受到了军长复杂的、难以表达的心境，感受到了军需处长的舍己为人、无私伟大，感受到了战争年代人们纯洁的心，思想受到震撼，心灵得到净化。

指导朗读，教师必须结合具体的课文内容和特定情境，在学生理解课文内容的基础上进行，培养语感，使学生受到文学情感的熏陶，受到美的熏陶，使学生感受到作者遣词造句的准确、简练、形象、生动，感受到语言的结构美、色彩美、音韵美、节奏美，并获得关于字、词、句、段的整体感知。

为了提高学生的朗读兴趣，活跃气氛，教师可以设计多种形式的表演性朗读，如轮读、示范读、领读、分角色朗读等，也可组织小组、女生组、男生组、全班等不同范围的齐读，有时还可配合进行录音或教师的示范读，在品读中加强感情交流，实现共同升华。

4. 诵读积累——你想将它背下来吗?

“多美的文章啊！你想把它背下来吗?”教师稍作启发，学生跃跃欲试，这也是课堂教学的一道亮丽的风景线。“熟读唐诗三百首，不会吟诗也会吟。”① 哪一位文学家不依赖于对语言的积累来提升自己的文学修养？尤其是对于小学生来说，熟读甚至是背诵课文要比系统地分析讲解更有效，他们更需要对语言材料的积累。学生在理解、感悟基础上熟读成诵，有助于学生对课文的整体吸收，也有助于学生发展语感。

在教学实践中，笔者常将背诵穿插在课堂教学过程中。学生在品读一个段落后，由于充分理解了语言结构，体悟到了文章的美，就有熟读成诵的愿望，也很容易背诵课文。笔者常不失时机地让能背诵的同学合上课本，有感情地背诵课文段落。久而久之，学生尝到了背诵的甜头，就能自觉地将一些优美的段落熟读成诵。有时，笔者让同学们有感情地朗读课文，就发现有些同学已合上课本背诵起来了。

当然，教无定法，要体现以读为本，并非都要有这样一个读的过程，还是要以本文开头提到的两个“本”为基础，教师要根据文章体裁、写作特色，以及学生的年龄特征、知识水平等具体情况，组织学生读的过程。文章难易程度不同，学生对文章的接触程度不同，教学方法也应有所不同，或省略一些步骤，或改变读的顺序，这样的课堂才会有活力、有生气，才会深受学生的喜爱。

---

① 朱祖延主编：《引用语大辞典》，武汉出版社，2000 年，第 583 页。

关于小学语文课堂阅读教学的调查报告

阅读教学是学生、教师、文本之间对话的过程。它是识字的重要途径，学生通过阅读，可以提高识字的质量，促进听话、说话和作文能力的提高。阅读在丰富学生知识、开阔学生眼界的同时，可以使学生的思想品德受到教育，爱美情趣得到陶冶，有利于学生的全面发展和进步。由此可见，阅读教学是小学语文教学的核心和灵魂。

新课程改革已实施多年，在课程改革的洪流中，我们看到了许多可喜的变化：教师在课堂上的角色有明显的转变，从过去单一传授知识到开始关注学生的学习方式、学习能力。课堂上出现了师生互动、平等参与的生动局面，教学的组织形式也发生了变化，部分教师能引导学生运用多种多样的学习方式，调动每一个学生参与学习的积极性。但是，当前小学语文课堂阅读教学还存在一些认识上的误区及令人担心的问题。教师的“一讲到底”限制了学生创造性的发挥，师生“一问一答”剥夺了学生与学生之间的合作，影响到小学生阅读能力的提高，影响到小学生语文素养的提升和发展。笔者结合所在学校的小学语文课堂阅读教学实际，进行了问卷调查。

一、调查目的

为了全面了解师生在小学语文课堂阅读教学方面的基本情况，笔者针对课堂阅读教学情况设计了两份问卷，对笔者所在学校五年级 4 个班级随机抽样的 100 名学生和 15 名语文教师开展了一次问卷调查。此次调查，目的是进一步了解在新课程实施的过程中小学语文课堂阅读教学表现出来的教学困惑，以强化对策研究，提高教学效率，促进学校小学语文教学质量的全面提高。我们期望通过此次问卷调查，全面真实地了解与掌握学校教师和学生对课堂阅读教学的认识、态度和实际做法，以便更好地调整小学语文课堂阅读教学的指导方向，明确小学语文课堂教学的改革目标。通过加强小学语文课堂阅读教学，促进小学语文教学事业循着健康、有序的轨道发展，以此全面提升小学语文课堂教学质量和学生的阅读水平。

二、调查对象

调查对象为五年级 4 个班级随机抽样的 100 名学生和 15 名语文教师。

三、调查方法

为了更准确、合理地调查新课程改革背景下小学语文课堂阅读教学的情况，考虑其可操作性与实效性，此次调查主要采取“问卷调查法”。

四、问卷调查结果反映的问题及原因分析

（一）关于小学语文课堂阅读教学情况学生问卷调查结果的分析

通过对学生问卷调查结果的分析，得出小学语文课堂阅读教学中学生存在以下问题：

1. 读书的时间少，目的不够明确

语文课的讲解教学过多地占用了学生的读书时间，一节 40 分钟的课上，学生的朗读时间往往不足 10 分钟，匆忙的朗读练习达不到预期的效果。如初次朗读，教师要求学生读通课文，读准生字新词，但实际上只有约三分之一的学生达到要求，其他学生中有的遇到读不通的地方就放弃继续朗读，有的根本就不出声读，低头盯着一处看，连一遍课文都未读完。教师一声“停”，读就结束了，转入下一个程序，朗读成了教学中的一个过渡环节。还有的教师只重视让学生读，朗读看似热闹，实际读前没有要求，读中没有指导，读后没有及时的评价，学生只是被教师驱赶着为读而读，没有用心、用情去读，而是漫不经心地“喊读”。这样的朗读不仅起不到什么效果，而且容易让学生形成做事心不在焉、缺乏目的性的不良习惯。在检查

性的朗读和讲解答问之余的所谓有感情朗读中，教师常常盯住几个尖子生，让他们朗读，大部分学生都是规规矩矩地坐着当听众，这种多数学生得不到朗读练习的现状，又怎么能提高朗读教学的质量呢？

2. 朗读机械化

有的教师有指导意识，但是方法欠佳：只重声音形式，不重内心体验；只重表层的技巧，不重语言的内蕴。有的教师在指导学生朗读时直截了当地告诉学生，把某一个字或词读得重些或轻些，把某一句话读得快些或慢些，而忽略了朗读表情达意的功能。读前没有要求，读中没有指导，读后没有点评，学生的朗读缺乏目的性，只是为读而读，用心程度不够，往往事倍功半。许多学生一遇到感情比较强烈的句子，就认为该读重音，而不知道有时重音轻读表达的感情更强烈。有时，学生朗读时轻重缓急把握对了，但分寸感很差，一重特重，一轻特轻，极不和谐。另外，关于读长句、排比句时该怎样换气，怎样停顿，教师的指导很少，学生读长句或排比句时常常读得上气不接下气。学生会说话，却不会读对话，读对话时呆板、别扭，不能代入角色说话，刻意模拟角色的声音，不但显得怪腔怪调，也削弱了语言本身的表现力。

3. 朗读不充分，重形式不重实效

一般一节课上安排三四次朗读，但有安排却未到位，有形式却无多大实效，往往是琅琅书声骤然响起，不到 1 分钟，又在教师的示意下停下，朗读成了课堂教学的一种点缀。有的教师喜欢让学生集体朗读，不会读的学生便在其中滥竽充数，个别学生不注意节奏，想快想慢由自己。有的教师喜欢指名读，叫班上个别读得好的学生来朗读，学习不好或胆小的学生得不到训练，久而久之就形成了只对口型不出声的朗读习惯。这样的朗读方式怎么能提高学生的朗读能力呢？

4. 认识有问题，认为阅读就是放声读

在小学语文阅读课堂上，书声如春风乍起。教师采用自由读、分组读、齐读、对读、指引读等各种形式的读，而学生总认为朗读就是放开声音美美地读，读时不注意感情，不注重轻重。发出声音的读在阅读教学中得到了回归，但是不出声的读在小学语文阅读课中出现的频率不是很高，这样的阅读现状是需要改变的。

（二）关于小学语文课堂阅读教学情况教师问卷调查结果的分析

通过对教师问卷调查结果的分析，得出小学语文课堂阅读教学中教师存在以下问题：

1. 讲得太多，“满堂问”

课堂教学中，出现了“满堂问”的现象。“满堂问”其实就是“满堂灌”的阅读教学方式的表现。教师把课堂搞成自己的“教案剧”，把自己对课文的理解强加给学生，没有给学生以正确的指导和自主思考的空间。学生没有品读和感悟课文的机会，而在教师烦琐的提问下，走马观花、蜻蜓点水地阅读，使学生得不到真实的感受，削弱了学生对语言的学习及感悟。

2. 为应试而教，把课文教“肿”了

考试题目中常常出现对课文内容的分析和理解，这不得不让教师加强对内容的分析讲解，让学生记下，课后背诵。课堂上教师只能在阅读教学中面面俱到，由于教学内容多，环节多，教师把课文教“肿”了，致使教学过程烦琐，内容冗长，加之对某些内容要求死记硬背，造成学生厌烦、教师疲惫、教学效果却不好的情况。

3. 重视主体失主导

一些教师为充分发挥学生的个性只管让学生尽情地说，发表自己的见解，无论学生说得如何，教师总是以“好”进行笼统评价或者干脆不评价，生怕自己不尊重学生阅读的“独特体验”。这会导致学生误认为自己怎么说都是有道理的，只要说出来就是对的。

4. 过程分析代替目标落实

在教学中，有的教师把过程当作目标，把“学过了”当作“学好了”，把“分析完了”当作“分析好了”。显然，“学过”与“学好”，“分析完”与“分析好”之间还是有很大区别和距离的。学生学过了，并不能说明学生就完全掌握、理解和吸收了。把教材分析完了，同样也不能说明就是分

析好了。很多时候，那些看似头头是道的分析其实已经偏离了教学的重点和目标，这样的过程分析，忽视了目标的存在，教学效果得不到体现。

5. 重视结果的得出而忽视过程的体现

在教学中，我们常常看到教师为应付考试，让学生死记硬背语文知识。教师往往只注重学生做作业、考试的结果，而忽视了这个结果产生的过程，从而出现了学生语文成绩不断提高，语文素养却不断下滑的现象。

6. 不能合理把握学生学习方式的转变

在新课程改革背景下，教师努力倡导“自主、合作、探究”的学习方式。把学生分成若干小组学习，是合作学习的一种主要形式，被教师广泛使用。但笔者在授课中也发现，自主、合作学习的形式多，实效少。

7. 忽视学生与文本的对话

现实中，学生的个性化阅读常常被轻视淡化，教师往往以自己的思考和经验代替学生自身对文本的感悟和思考，师生对话、生生对话多了，课堂热闹了，学生与文本的对话却少了。阅读过程由教师包办代替，学生只满足于听懂讲解和被动训练，缺少举一反三、主动迁移运用的能力。这些都是由于没有注意加强知识发生过程的教学，阅读效率始终徘徊在低层次上。

五、小学语文课堂阅读教学现状及改变现状的策略

（一）小学语文课堂阅读教学的现状

通过对学生和教师语文课堂阅读教学问卷调查结果的分析，总结出语文教学中普遍存在的现象是：课堂上学生读的时间少，有目的、有针对性读书的时间更少；课堂上学生思考问题少，教师讲得多，“满堂灌”的现象屡见不鲜，不少教师将本属于学生的时间用于讲解分析课文，而忽视了应让学生充分阅读。学生由于读不到位，对课文的感知肤浅，不能深刻地理解课文内容和体会文章思想，难以受到文章所蕴含的情感的熏陶，在语言上也得不到应有的训练。教师重视“讲”的功能，而忽视学生“读”的作

用，尤其缺少对学生“读”的指导。教师在教学中不能辩证地处理“听、说、读、写”的内在联系，不注重对学生语文能力的培养。语文教学之所以出现这样的局面，其根本原因就是忽视了语文教学的起点教学，即学生对文本的“熟读”。学生常常围着教师提出的各种问题及教师的个人讲解转，“读”则成了一种形式。一篇课文讲完，学生连课文都读不通，所记住的“理解”“体会”，全都是教师的嘴“倒出来”的，这样一来，学生的语文能力自然原地踏步，仍不会说话、作文。究其原因，无疑是：读得太少，自己理解和体会得太少，语言积累太少。所以，语文教师应该充分认识到这一点，在语文课堂上要摒弃烦琐的分析，让学生去朗读，在读中整体感知，在读中有所感悟，在读中培养语感，真正发挥读的作用，提高学生的语言表达能力，从而圆满地完成语文教学任务。

（二）改变现状的策略

1. 转变教学观念，把握课程标准及教材要求

思想是行动的指南。教师要正确认识和理解素质教育的要求，在教学中面向全体学生，把课堂变成训练学生思维能力和创新能力的摇篮，充分发展学生个性，让学生生动活泼、主动地发展。课程标准及教材是教师施教的根据和主要材料，教师应充分把握基本要求，以课程标准为指导，以教材为依据开展教学活动。

2. 激发学生的阅读兴趣

（1）精心设计，激发兴趣。第一，设计好导语，激发学生的阅读兴趣。如在《大瀑布的葬礼》一课的导语部分，可以让学生谈谈对“葬礼”的理解，教师借机引出为大瀑布举行“葬礼”，从而激起学生急于知道其中原因的想法，激发学生的阅读兴趣。第二，通过示范朗读对全体学生起到示范性的作用。教师可以借助网络中的示范朗读音视频，唤起学生对美的感受，激发他们朗读的欲望。第三，提出恰当的阅读目标要求。如“课文讲了什么事”“文中最精彩、最感人的是哪部分”等，使学生有目的地读，能够带着问题进行阅读。

（2）多鼓励，少批评。“读”后不能忽视读后评议，认真评议会收到很

好的效果。小学生喜欢表扬，对读得好的同学及时表扬，这会大大激发他们的兴趣，其他那些听的同学也会努力争取读好书，争取得到老师的表扬。在老师的鼓励中，学生会产生更强的成就心理，更能积极投入学习，主动阅读。

3. 放手营造足够的“读”的空间，使学生掌握多种读的方法

要想使学生对阅读产生浓厚的兴趣，教师就应该教给学生“读”的方法，让他们运用多种方法去读，有目的地读，这样才能帮助学生在读中不断加深理解，实现学生与文本的对话，产生良好的阅读效果。具体方法如下：

（1）通读感知

我们拿到课文，毫无疑问，首先是通读一遍，对课文进行“整体感知”。这个阶段，不管教师怎样设计导语，都必须给学生提供充足的通读课文的时间，让学生借助各种阅读工具自由地、充分地朗读课文，感知课文中的语言信息，把课文读通并初步读懂；让学生自由高声朗读，把课文读准确、读流畅，凸显出教师“以读为本”的新理念。而学生良好的“读”的习惯，还需要教师严格地培养。通过调查，我们发现在新的一课开始时，教师让学生反反复复地读课文，自由读、指读、“开火车”轮读是非常有必要的；对于难读的长句，教师进行示范辅导是非常有必要的。

（2）细读悟语

通过细读，梳理文章脉络，理解课文内容及表现形式，做到有所感悟，这是阅读教学的主要任务之一。

“细读悟语”阶段的教学最能反映出教师的创造力，往往是课堂教学中最精彩之处。在这一过程中，教师必须引导学生对课文进行仔细阅读，问一问学生读懂了什么。在学生自读自悟的基础上，开展学生、教师、文本之间的对话，这些“对话”会反过来促进学生对文章的细读，发展学生的语感。

（3）品读悟情

在这一环节的读的过程中，教师往往出于自己对课文的感悟，精心辅导学生“应该怎样读好课文”，将朗读指导到位。教师可以通过导语引导学

生读，让他们根据引导的思路再品读，采用“读中悟情”“评读促情”的办法进行辅导。指导朗读，必须结合具体的课文内容和特定情境，在学生理解课文内容的基础上进行，培养语感，使学生受到文学情感的熏陶，受到美的熏陶，使学生感受到作者遣词造句的准确、简练、形象、生动，并获得关于字、词、句、段的整体感知。

为了提高学生的朗读兴趣，活跃气氛，教师还要设计多种形式的表演性朗读，如轮读、示范读、领读、分角色朗读等，也可组织小组、女生组、男生组、全班等不同范围的齐读，有时还可配合进行录音或教师的示范读，在品读中加强感情交流，实现共同升华。

（4）诵读积累

对于小学生来说，熟读甚至是背诵课文比系统地分析讲解更有效，小学生更需要对语言材料进行积累。学生在品读一个段落后，由于充分理解了语言结构，体悟到文章的美，就会有一种背诵课文的意愿，此时背诵课文也会相对容易。

总之，在阅读教学中，应把指导朗读和学生有感情地朗读作为理解课文内容、体会文章思想感情的重要方法。在教师的指导下，学生能够做到有感情地读，凭借语感体会课文所表达的喜怒哀乐、爱憎好恶，做到入境动情，进而达到明理的目的。

附：学生问卷调查表和教师问卷调查表

附件 1

学生问卷调查表

1. 你喜欢语文课吗？（　　） A. 喜欢　B. 不太喜欢　C. 说不清　D. 没想过
2. 你对自己目前的语文成绩（　　） A. 满意　B. 不是很满意　C. 基本满意
3. 你喜欢语文课是因为（　　） A. 语文老师上课很有吸引力　B. 老师对学生亲切 C. 上语文课很有趣
4. 你不喜欢语文课主要是因为（　　） A. 自身学习基础不好　B. 语文老师上课缺乏趣味性和吸引力 C. 觉得老师不太关心自己　D. 自身惰性大，不愿记背 E. 学习上缺乏自信心　F. 语文学习缺少监督和帮助 G. 老师体罚现象严重
5. 语文课上，你认为哪种方法最好？（　　） A. 老师多讲，自己多听　B. 老师少讲，自己多想 C. 老师教给方法，自己多学　D. 自学
6. 你认为小组合作探究的方式怎样？（　　） A. 很好　B. 一般　C. 无所谓
7. 你认为老师的示范朗读怎样？（　　） A. 很好　B. 一般　C. 需要改进　D. 应多加指导学生
8. 你认为围绕考试教学的方式怎样？（　　） A. 可取　B. 不可取
9. 自读课上你能学到东西吗？（　　） A. 能　B. 不能
10. 老师讲解阅读方法吗？（　　） A. 经常　B. 偶尔　C. 不讲
11. 你现在能掌握一定的阅读技巧吗？（　　） A. 能　B. 不能
12. 讲读和自悟读你更喜欢哪一种？（　　） A. 讲读　B. 自悟读
13. 你觉得课文背诵在语文学习中的作用如何？（　　） A. 非常必要　B. 有必要　C. 一般　D. 没必要

续表

14. 你是否经常阅读和课文配套的语文读本？（ ） A. 经常 B. 一般 C. 偶尔 D. 不会
15. 语文课堂教学中，你们读课文的时间（ ） A. 充足 B. 一般 C. 偶尔 D. 不会
16. 语文老师让你们读书是否提出明确的要求？（ ） A. 提出要求而读 B. 没有提出要求
17. 你觉得一节课上读书的时间充分吗？（ ） A. 充分 B. 一般 C. 不充分
18. 语文课上，老师是不是经常指导你们朗读？（ ） A. 经常 B. 一般 C. 偶尔 D. 不会
19. 语文课上，老师课堂上指名读书的学生一般是什么学生？（ ） A. 成绩好的学生 B. 成绩差的学生 C. 先举手的学生 D. 成绩中等的学生
20. 一节语文课上你最多的读书时间是________分钟。（学生填写）

附件 2

教师问卷调查表

1. 你认为阅读教学的目的是什么？（ ） A. 让学生掌握课文的思想内容和写作技巧 B. 让学生掌握阅读的技能技巧 C. 培养学生独立阅读及富有创意地建构文本意义的能力
2. 学习课文前，你是否会与学生进行沟通，征求学生的意见？（ ） A. 经常 B. 偶尔 C. 从不
3. 阅读教学中，你通常采用的方法是什么？（ ） A. 按照预先设计讲读 B. 按照预先设计引导学生阅读 C. 放开手脚让学生自由阅读
4. 你衡量学生课文理解的深浅优劣的主要标准是什么？（ ） A. 是否符合参考书的答案 B. 是否掌握了老师讲解的内容 C. 是否是学生的独特见解
5. 对讲读课的提问，你是否会有意识地从不同层次去要求学生、训练学生？（ ） A. 经常 B. 偶尔 C. 从不

续表

6. 在指名学生朗读时，你是否会考虑学生的能力差异？（　　） A. 一般会　　B. 偶尔会　　C. 一般不会
7. 课堂教学中，你是否能密切关注学生的注意力及情绪的变化，并据此来机动地调整教学流程和教学方法？（　　） A. 经常会　　B. 偶尔会　　C. 从不会
8. 在讲解过程中，学生在某一问题上表现得特别热烈积极，你通常的做法是什么？（　　） A. 把握时机，压缩或推延下面的环节 B. 按照教学计划，按部就班地进行教学 C. 为追求课的完整，限制该环节的活动时间
9. 一节课上，你留给学生读课文的时间大概有多长？（　　） A. 5 分钟以内　　B. 10 分钟以内　　C. 15 分钟以内　　D. 20 分钟以内
10. 语文课上，你是不是经常指导同学们朗读？（　　） A. 经常　　B. 一般　　C. 偶尔　　D. 不会
11. 语文课上，不能放手让学生充分地去读，其主要原因是什么？ ________________________________ ________________________________

浅谈阅读教学改革

《义务教育语文课程标准（2022 年版）》提出：“教师要准确理解义务教育语文课程的基本理念，把握学生核心素养发展的基本规律，根据课程目标、课程内容和学业质量的要求，创造性地开展语文教学，充分发挥语文学科独特的育人功能。”如果教师再用陈旧观念去教授语文，那无疑将扼杀课程改革鲜活的生命力。语文教师应该在课堂上培养学生主动学习、主动探究的精神，使学生真正成为课堂的主体。那么，怎样在小学语文教学中培养学生自主、合作、探究的精神，培养他们的学习能力？笔者把研究的重点放在改变课堂教学上，下面谈谈自己的做法。

一、兴趣是学生自主学习的动力

实践表明，学生的学习兴趣是自主学习的原动力。教学中，教师应积极地为学生创设一种情趣盎然的学习气氛，使学生受到陶冶、感染和激励，从而自主学习。在课堂上，教师应大胆地让学生进行自由讨论、交流，表扬学生一些独特的看法，让学生真切地感受到学习是快乐的。这样他们自主学习的劲头就更足了。

1. 引入情境，激发学生探究心理

一堂课上每个环节都很重要，但要让学生自始至终处于积极的自主学习状态，创设情境尤为关键。在教学阅读课《酸的和甜的》时，笔者创设了实物情境，把学生引入情境之中，使学生积极主动地参与到教学过程中。笔者是这样导入新课的：（出示一串葡萄）“小朋友们，你们看，这是什么水果？谁来尝尝是什么味道？（指名上台品尝）告诉大家味道怎样。（甜甜的）奇怪了，葡萄明明是甜的，味道好极了，有一群小动物却嘟囔着：‘葡

萄是酸的，不能吃！’这究竟是怎么回事呢？今天我们学习新课文《酸的和甜的》。”通过上述情境，学生对课文已有了初步感性认识。情境的创设，把学生带入《酸的和甜的》的情境中。学生们都想去了解葡萄究竟是什么味道。

另外，笔者还用图画展现形象，创造美感，把学生引入情境；利用音乐创造美感，把学生带入遐想的境界。无论是因为好奇，还是因为关注，他们都形成了一种努力探究的心理，从而积极主动地参与到教学过程中。

2. 利用情境，激发学生学习动机

动机是活动的原动力。学习动机是推动学生参与学习活动的心理动因。学生学习的积极性、主动性在引入情境后被激发。如果教学还是刻板的，按老办法、老观念去教，教学手段单一，学生的学习动机定会下降。因此，在引入情境后，教师应根据课文情节的不同、内容的不同，不断创设情境，使情境得以持续，形成联动的整体情境。

二、探究是学生自主学习的关键

学生自主学习的主动性要想保持下去，关键在于掌握语文学习方法。教师应让学生积极参与，主动探究，这就要求教师做好引导，促进学生自主学习、自主探究。教师应让学生在自主学习中去领会、去发现，在自主学习中学会合作交流，从而掌握自主学习的方法。

1. 小组合作开辟自主空间

教师作为引导者，应培养学生主动参与的意识，充分调动学生的学习欲望。为了发挥学生学习的主动性，笔者倡导小组合作学习。为了使这一组织教学不流于形式，笔者首先给学习小组确定一个明确的目标。如在进行《坐井观天》的教学时，笔者提出这样的学习目标：①“我会读”：大声朗读课文，读准字音，可自由读，也可小组合作读；②“我会问”：在学习小组里提出自己不理解的地方，和小组伙伴共同交流解决；③“我会讲”：把读后的感受说给小组伙伴听。长此以往，学生经过这样的训练，在以后读的过程中就会自觉地给自己小组提出学习要求。这种小组合作学习有利于培养学生自主学习的能力，学生的学习能力提高了，学习的兴趣自然而然就会更浓了。

另外，可以精心选择小组学习的内容。语文教学中，教师如能让学生们先自主选择自己喜欢的段落学习，之后在小组内交流，那么学生的学习兴趣定会大大提高。以《看雪》为例，由于这篇课文几个自然段结构相似，因此笔者首先让学生画出自己心中的雪景来表达自己美好的心愿，然后选择相应的段落学习。学生在交流中情绪高涨，在全班交流时个个跃跃欲试，文章内容就在学生朗读、交流、展示中被理解了。而教师只需要在小组合作过程中参与其中，起到引导的作用。

一个问题提出来，如果教师不给学生充足的时间进行小组内部讨论交流，那么将有可能导致课堂冷场。教师不能让小组合作流于形式。学生未充分地讨论，便不可能产生创造性思维与真情流露，教师若此时就草草收场，势必起到反作用，长此以往，学生自主学习的能力就得不到提高。对于小组学习的结果，教师要及时给予评价。评价可多方面，教师对学生学习反馈的评价，对学生与学生互评的评价，对小组与小组互评的评价都要有详细的分析。笔者设计了一些表格进行每月评价，在学期结束时根据每月评价情况制作统计表来向学生展示小组学习的结果。

2. 质疑问难，发现问题自主学习

创造性思维是从问题开始的。培养学生发现问题、提出问题的能力，首先要鼓励他们敢于和善于质疑问难。古人说：学贵有疑，小疑则小进，大疑则大进。要培养学生善于从无疑处生疑，从看似平常处见奇，这是发现问题的起点。如在进行《难忘的一天》教学时，学生问："难忘的一天是指哪一天？"在初读课文后学生又问："这一天为什么令'我'难忘？"教学《我多想去看看》时，学生问："课题中的'我'是谁？'我'想去看什么？"他们正用提问来擦出创新思维的火花。

再如笔者在教完《我选我》这篇课文后，王同学提出："老师，课题中的'我'是谁？他选自己干什么？他为什么要选自己呢？"问得真好，笔者灵机一动：何不让学生自己找答案呢？这样不仅锻炼了学生的口语表达能力，而且极好地引导了学生深入理解课文。学生们个个跃跃欲试，整节课上学生都处在积极的自主学习中，创新思维的火花在这里闪耀。

课堂教学是属于学生的，教师只有根据学生的需求，引导学生自主探究、质疑释疑，才能不断提升学生自主参与、自主探究的能力。

提高农村小学生课外阅读能力的有效方法

古人说："少成若天性，习惯如自然。"① 良好的课外阅读习惯对写作来说尤为重要。我们往往会发现，小学生的作文水平差异明显，在一大部分稚嫩之作中，总有那么一些同学的习作让老师都拍案叫绝。稍作了解，便会发现，这些同学之所以"会写"，完全缘于他们已养成了良好的课外阅读习惯，平时注意多看、多思。多看了，胸有成竹，信手拈来；多思了，下笔如有神，洋洋洒洒，一挥而就。作文水平差的同学，总是非常羡慕那些作文屡屡被拿来当范文的同学，但却苦于不知如何提高。究其根源，就是没有养成良好的课外阅读习惯。

叶圣陶曾说过："要养成一种习惯，必须经过反复的历练。单凭一部国文教本，是够不上说反复的历练的。所以必须在国文教本以外再看其他的书，越多越好。应用研读国文教本得来的知识，去对付其他的书，这才是反复的历练。"② 这段话明示我们：学生要提高写作能力，就要养成课外阅读的习惯，仅靠课堂上的阅读是不够的，必须将阅读延伸到课外。《义务教育语文课程标准（2022 年版）》也明确指出："义务教育阶段要激发学生读书兴趣，要求学生多读书、读好书、读整本书，养成良好的读书习惯，积累整本书阅读的经验。"但我们应该看到，目前我国小学生的课外阅读量还不够大，特别是农村小学生的课外阅读量尤为不足。笔者结合平日的调研和总结，从农村小学阅读现状的分析和提高农村小学生课外阅读能力的策略两方面谈谈自己的观点。

---

① 朱祖延主编：《引用语大辞典》，武汉出版社，2000 年，第 583 页。

② 叶圣陶：《叶圣陶语文教育论集》（上），教育科学出版社，1980 年，第 4 页。

一、农村小学生阅读现状的分析

1. 不会读、不想读

拿起书来，无从读起，不知吸收，不知消化，没有收获，也没有体验到阅读的乐趣，因而不想读。随着电视、电影、网络的不断发展，一些学生更不愿用大量的时间面对枯燥乏味的文字，新兴媒体夺去了学生大量的课外学习时间。

2. 没有时间读

在大力提倡素质教育、实施“双减”的同时，大量的习题、重复的练习仍占据着学生大量的课外学习时间，使学生课外阅读的时间严重不足。

3. 没有合适的书读

小学生喜闻乐见的、高质量的、紧跟时代的课外书籍十分缺乏；学校的图书室未能发挥应有的作用，只在数量上而未在质量上进行图书配备，大大影响了农村孩子的阅读量；家中没有藏书，或者没有合适的书。究其原因，一是市场上的课外书越来越贵，价格低则十元左右，高则上百元。许多家长也都表示，虽然每次进城都要到书店转一转，可孩子喜欢的书往往因太贵而不得不放弃购买，使孩子只能望“书”兴叹。二是许多学生家长没有经验，在择书时有些盲目，或是书目过于单一。绝大多数家长以买作文选为主，造成孩子阅读面狭窄；或是盲目听从孩子的意见，选择了一些要求过高或过低的书籍，不利于孩子的健康发展；或是干脆放任自流，导致一些有害的书籍出现在孩子的书桌上。

二、提高农村小学生课外阅读能力的策略

面对这些现象，学校、教师又该做些什么呢？

1. 让学生有书读

学校应充分利用现有资源，挑选图书室里较好的图书，在教室内设立图书角，每月更换一次图书，供学生借阅。同时，利用家长会等机会，经常向家长宣传孩子多看课外书的重要性，针对有些家长不知道何种课外读

物适合自己孩子阅读的情况，同时也为了避免一些不良读物对学生产生的消极影响，列出一些刊物和图书名称供家长参考，使每位家长所购买的书少而精。然后，发动学生推荐自己拥有的最喜欢的一本书，存放在图书角，登记编号，设专人保管，使学生共享图书资源，从而减轻家长的购书负担。

2. 让学生有兴趣读

小学生年幼，思维能力相对较弱，再加上贪玩好动，对读书不可能顷刻间就“如饥似渴”，教师必须循循善诱，逐步培养学生的阅读兴趣。教师的阅读情感对于学生有着一种极为重要的熏陶作用。课堂中教师有感情地示范朗读对学生有着巨大的感染力，学生能从中体会到读书之乐、之趣、之令人陶醉，点燃起阅读的情感之火。陶行知先生说：“熏染和督促两种力量比较起来，尤以熏染为更重要。好学是传染的，一人好学，可以染起许多人好学。”① 因此，培养学生的阅读兴趣，首先应让学生感受到教师对阅读的爱。

在平时的课内阅读教学中，教师应有意识地培养学生课外阅读的兴趣。如：讲授《草船借箭》这课时，讲述一下《三国演义》的故事梗概，并在课堂上讲一两个有关这本书的故事，以激发学生的兴趣；学完《卖火柴的小女孩》后，向他们推荐《安徒生童话选》，逐步培养学生对课外阅读的兴趣。

3. 抓住学生兴趣点，及时推荐读物

小学生对动物、植物大都有着浓厚的兴趣，他们常会问老师许多问题，如：蚂蚁为什么不会迷路？水仙为什么只喝水也能开花？……每当这时，教师就可以不失时机地向学生推荐有关课外书，如《植物王国》《动物之谜》等，让学生通过阅读来满足自己的探究欲望，从而体会到读课外书的乐趣。

4. 给予机会，展示阅读成果

当学生的课外阅读兴趣被激发起来以后，为了稳定和保持住他们的这种兴趣，也为了获取他们课外阅读效果的反馈信息，笔者开展了丰富多彩

---

① 陶行知：《生活即教育》，长江文艺出版社，2019 年，第 128 页。

的课外阅读成果展示活动，如：摘录名人名言，举办名人名言展；以课本剧的形式表演自己的童话、故事；举行童话故事演讲、续写比赛；给童话配插图。

每学期期末举行“我喜爱的一本课外书”介绍会，让学生们品尝成功的滋味，以巩固学生的兴趣。

5. 教给学生行之有效的阅读方法

教师在培养学生读书兴趣的同时，应注重学生良好的读书习惯的培养，既要教给学生恰当的读书方法，又要注重学生独立阅读能力的培养，让课外阅读真正成为学生的自身需求。

结合平时课内阅读教学传授学习方法。课内阅读教学是学生获取课外阅读方法的重要途径，因为它的目的本身就是让学生掌握阅读方法。指导学生将课内学到的阅读方法运用到课外，这种方法针对性强，学生容易接受，效果很好。

介绍行之有效的课外读书方法。阅读方法一般包括精读、略读。精读即抓住重点词句，细细揣摩，较深入地理解文章的语言文字和思想内容；略读即先看序言、内容提要、编辑大意和目录，以了解全文的性质、内容和规模，再阅读全文章节标题及段落首句和末句，最后浏览全文，综述大意。在课外阅读中，学生常用的是略读法。根据阅读目标的不同，略读又可以分为游览式读书法和筛选式读书法。培养学生阅读方法，教师要遵循课内带课外，扶放结合的原则，切忌拔苗助长。要让学生掌握一般的阅读顺序，即先初读，感知课文大意，然后精读品析，最后评议摘录。

辅导学生做读书笔记，“好记性不如烂笔头”。课外阅读应让学生养成“不动笔墨不读书”的良好习惯。读书笔记类型很多。如摘抄型：摘抄好词好句、科学奇闻、生活常识等以丰富语言，增长知识，启迪思维，陶冶情操。提纲型：在读过一本书后，把其中的要点或基本内容提纲挈领地写下来，掌握书的内容及作者的思路，从中学习表达事物的方法。感想型：在读完一本书后，结合现实和个人经历写出对有关问题的认识、感想和体会，提高分析事物的能力。想象型：主要是续编故事，改写故事，发展联想和想象能力，从而培养创新思维。教师要通过提示范例、摘录讲评、交流感想等方式，提高学生做笔记的能力。

课外阅读作为课内阅读的延伸和补充，极大地拓宽了学生的视野，丰富了学生的知识。作为一名语文教师，我们要积极拓展渠道，为学生的课外阅读保驾护航，让学生徜徉在书海中，在书的海洋中去积累语言、亲近母语、陶冶情操。

农村留守儿童课外阅读存在的问题及相应对策

书是人类进步的阶梯。阅读，就是阅读人生，阅读生活，阅读快乐。作为课内学习的延伸，语文课外阅读在拓宽视野，积累知识，提高阅读能力和写作能力，以及陶冶高尚的情操、完善健康的人格等方面都起着不可替代的重要作用。《义务教育语文课程标准（2022 年版）》也明确规定儿童的课外阅读总量，小学阶段不少于 145 万字。农村小学语文教师要重视并加强对学生课外阅读的引导和指导，让留守儿童徜徉在书海中，在书的海洋中学习语言，积累语言，陶冶情操，获得发展。当前农村小学的课外阅读还存在一些问题。

一、农村小学课外阅读存在的主要问题及其成因

1. 课外阅读氛围不浓、条件不好

在倡导学习型社会的今天，读书应该成为一种生活时尚和习惯。事实上，在农村，很多家长认为读书就是读教科书，就是为了考上大学，至于课外书这些“闲书”，读了没什么用。甚至有些家长认为课外书内容不健康，浪费时间，影响学习，不允许孩子阅读课外书。另外，部分家长没有阅读的习惯，家中亦无藏书，闲暇之余，多数沉迷于扑克、麻将等娱乐活动之中，不仅对子女的课外阅读指导督促不够，而且给年幼的孩子带来了不良的影响。学校方面，大多数农村小学没有图书馆、阅览室，即使有，也没有多少适合留守儿童阅读的图书，而且很少对留守儿童开放，有的甚至从未开放过。

2. 课外阅读内容不广、深度不够

大多数农村留守儿童的课外阅读以实用性的教学辅导类图书为主，如学科重点难点辅导书、同步作文之类。此外，部分留守儿童只满足于浅表性、探索性的阅读，如《老夫子》《葫芦娃》等少儿漫画书。对于《红楼梦》《安徒生童话》等经典名著则很少涉猎，更不要说深入阅读了。而深受都市儿童喜爱的《绿野仙踪》《长袜子皮皮》《大林和小林》《小王子》《窗边的小豆豆》等儿童文学作品，很多农村留守儿童则几乎“没听说过”。

3. 课外阅读时间不足、兴趣不浓

当前，农村留守儿童用于阅读的时间普遍较少。首先，在学习日，留守儿童疲于应付繁重的家庭作业，无法抽出更多时间进行阅读；在节假日，家务劳动又占去了他们一部分时间，造成阅读时间不足。其次，由于年龄特点的关系，留守儿童普遍喜欢看影视节目，生动形象的影视作品与相对枯燥的课外书形成了强烈的反差，看影视节目占用了太多的时间，很多留守儿童无时间更无兴趣去读那些“白纸黑字”。

4. 课外阅读方式不多、指导不够

大部分农村留守儿童的课外阅读方式比较单一，多是通过纸质书籍进行的，只有一小部分留守儿童通过互联网阅读电子书籍。这主要是受经济条件的制约，不少农村家庭还没有电脑。农村孩子在课外阅读形式上以独立阅读为主，缺乏家长和教师的阅读指导。很多农村家长忙于生计，自身文化水平也不高，很少能对留守儿童做出阅读指导；而很多教师要面对繁重的教学任务，没有多余的时间和精力去进行指导，对留守儿童的课外阅读只能“放任自流”。

5. 课外阅读资源匮乏

农村经济条件有限，文化氛围不浓，教师和家长对课外阅读的认识程度不够，严重制约着课外阅读的顺利开展，表现最为突出的是图书匮乏，留守儿童课外阅读涉及的范围小。农村经济条件差，有相当多的家庭除承担留守儿童必需的教学教辅书籍外，不愿意在课外阅读上为孩子持续投资。笔者曾对所在学校三至六年级共计 260 名留守儿童做过一次调查，几乎每个留守儿童手中都有一至两本作文辅导类书籍，只有不到50名留守儿童手中有适合自己阅读的课外书，但课外书数量仍少得可怜。在家长和留守儿童头脑中，一听说要买课外书，90%的家长、留守儿童首先想到的就是优秀作文选，形成了优秀作文选等同于课外书这样一种狭隘的观念。另外，学校图书室是留守儿童课外阅读的重要资源库。但大多数农村学校图书室的图书管理员由任课教师兼任，他们没有过多的时间、精力保障留守儿童的借阅，根本不能满足留守儿童的课外阅读需求。农村留守儿童的课外阅读中存在的种种问题，制约着农村孩子素质的提高，制约着他们的进一步发展。因此，我们一定要抱着对孩子的现在和将来负责的态度，群策群力，认真解决这一问题。

二、解决农村留守儿童课外阅读所存在问题的对策

1. 营造阅读氛围

（1）教师要带好头。教师自己不读书，却一个劲儿地督促留守儿童读书，这样就太没有说服力了。因此，在要求留守儿童阅读的同时，教师也要以身作则，随身带书，与留守儿童一起读书。留守儿童看到教师喜爱阅读，自然就乐意效仿。

（2）营造学校读书氛围。农村学校结合实际，整合资源，仍然可以为留守儿童营造良好的读书氛围。有图书馆的学校可以大力开展读书活动，组织、动员留守儿童借阅图书；没有图书馆的学校，可以发动留守儿童将自己的课外书带到学校来，设立班级图书角，交换阅读，实现图书资源共享。农村学校还可以鼓励留守儿童自己动手做书，将阅读过的文章剪贴或摘抄下来，做成一本书进行交流阅读，分享成果。

（3）营造家庭读书氛围。在取得家长支持的前提下，农村学校可以开展家长与孩子一起读书等活动。和父母共读一本书，彼此分享心得体会时，孩子更容易产生强烈的读书愿望。留守儿童沉浸在读书的氛围中，不知不觉就会被书征服，就会自发自觉地喜欢上阅读。

2. 培养阅读兴趣

（1）树立榜样，激发兴趣。“兴趣是最好的老师”，留守儿童阅读兴趣

的培养至关重要。农村学校可以开展丰富多彩的读书活动，展示留守儿童的读书成果等，不要给留守儿童布置过重的阅读任务。很多时候，农村学校可让留守儿童无任何书面作业地“零负担读书”，以保证留守儿童的阅读兴趣。榜样的力量是无穷的。教师可以有意识地向留守儿童介绍古今中外热爱读书的名人名家，也可以在班里树立典型来激励留守儿童读书。

（2）展示成果，激发兴趣。可以建立“课外阅读档案袋”，记录学生课外阅读的成果。档案袋中保存留守儿童摘录的好词好句好篇章，保存留守儿童参加故事演讲赛的录音带，保存留守儿童自制的手抄报……定期向留守儿童展示他们的课外阅读成果，使每位留守儿童心理上产生极大的满足感和成就感，从而激发留守儿童的阅读兴趣。

（3）创设环境，激发兴趣。为了激发留守儿童的读书兴趣，农村学校应注意环境的布置，比如在学校图书室、阅览室、教室等场所张贴有关读书的名言警句，在校园内醒目处设置新书推介栏等，让留守儿童在浓郁的书香中慢慢爱上读书。

3. 保证阅读时间

（1）转变观念，改革课堂，优化课堂。教师要加强学习，转变观念，改变课堂教学模式，提高课堂教学效率，每周抽出一个课时用于组织留守儿童进行课外阅读。当然，这要根据各地、各学校的实际情况，做出合理的安排。

（2）作业设置要精巧。现在一部分农村教师仍错误地认为题海战术是巩固教学效果最有效的手段，因此重复、机械、无意义的作业布置得较多。教师要转变观念，尽量布置设计精巧、高质高效的作业，把时间腾出来引导留守儿童进行“自由阅读”。如果留守儿童每天能保证半小时以上的自由读书时间，他们的阅读能力就一定能大幅度提高。

（3）组织留守儿童进行课外阅读。鼓励留守儿童利用零星的时间自觉读书、看报，丰富知识，开阔眼界，提高阅读能力；教师还可以利用电脑课教会留守儿童上网阅读，丰富农村留守儿童阅读的方式。

4. 指导阅读方法

（1）指导留守儿童选择健康的、有益的课外读物。课外阅读不是小事，抓得好，既真正培养了孩子的读写能力，也抓好了语文学习，还抓好了孩子耐心、毅力及时间管理能力、自控力的培养。一是精益求精。《义务教育语文课程标准》中为小学阶段推荐了 360 本图书，但说实话，360 本全部读完确实有点困难，而且我们应该有的放矢，选择一些更有效、更有利于培养孩子阅读能力的书。二是严而又严，严格按规定推荐读物。严格执行教育部印发的《中小学生课外读物进校园管理办法》，各年级要制定《学校课外读物推荐和管理办法》，包括工作原则、工作标准、推荐程序、推荐结果、公示、备案。每一个年级的小朋友都有独属于自己的特点。随着年龄的增长，他们也有着不同的阅读需求和兴趣点。教师要抓住不同学生的这些需求和兴趣点，选择适合的书给小朋友阅读。三是重视儿童报刊阅读，让优秀少儿报刊浸润孩子心灵。课外阅读应该多形态、多层次、多内容、多题材、多形式。可以给小学生配备一些童书、报纸和刊物，给中学生配备一些名著、文学刊物和中学生报刊。对小学生来说，语文学习压力不是很大，多读一些文体比较简单、规范也有趣的儿童文学作品，尤其是读一些儿童刊物和报纸，是非常有益于培养语文学习兴趣的。举办一些家庭阅读指导讲座，可以在一定程度上消除家长为孩子选书、读书的焦虑。

（2）教给留守儿童读书的方法。授人以鱼不如授人以渔。教师要重视引导留守儿童阅读，更要注重把阅读的方法教给留守儿童，使之养成良好的阅读习惯。可以要求留守儿童在日常读书看报的时候，读到精彩之处或对自己有用的句子，就用符号标出来，这是最常用的读书笔记；可以指导留守儿童在阅读时进行行批、旁注，记录阅读时灵光闪现的偶感随想；也可以组织留守儿童将读书过程中自己喜欢的优美词句摘录下来；还可以引导留守儿童在看完一篇精彩的文章后把自己的所思所想、所感所悟写下来，形成读后感，进一步提高写作能力。

5. 指导留守儿童学会做读书笔记

“好记性不如烂笔头”，课外阅读中教师要注意培养留守儿童“不动笔墨不读书”的良好习惯。教师应指导留守儿童做读书笔记，如摘抄好词、好句、好段，以丰富语言，增长知识，启迪思维，陶冶情操；写提纲要领，掌握读物内容及作者思路，从中学习表达的方法；结合现实和个人经历写读后感，提高分析事物的能力；读完故事后续编故事，改写故事，拓展联想和想象力，从而培养创造性思维。教师要通过提示范例、摘录评讲、交流感想等方式，提高留守儿童做笔记的能力。农村学校的语文教师要更加积极地拓宽留守儿童课外阅读的渠道，为农村留守儿童能够读更多的书、更好地读书保驾护航，让孩子们能够尽情地徜徉在课外书的海洋中，吸收更多的营养，积累更多的语言，亲近母语、陶冶情操。

阅读教学中存在的问题及解决对策

阅读教学是语文教学中用时最多的一个部分，阅读是学生语文学习的最主要形式，但现实中不少学生始终不能对课文有自己的真正理解，学习语文的能力弱，这一直是困扰许多教师的一大难题。

一、阅读教学中存在的问题

1. 把握不好阅读教学中的主导性和主体性

有时，教师总担心讲少了学生听不懂，于是反复分析文章，教学时间不够用，该用一课时教完的内容要两课时，甚至三课时。教师在分析课文上花了很多时间和精力，但结果可能是学生对语文越来越没兴趣，语文能力弱。有时，教师又怕学生的主体地位得不到体现，怕抑制了学生的个性化发展，于是让学生尽情地说，发表自己的见解，生怕自己不尊重学生阅读的“独特体验”，没有及时发挥主导作用进行引导以提高学生的阅读能力。

2. 朗读的时间不够充分

现实教学实践中，充斥于语文课堂的“讲问教学”挤掉了学生读书的时间，一节课40分钟，学生朗读的时间却不到5分钟，朗读练习往往是来去匆匆。“请同学们有感情地读读这部分”，“把×××语气读出来”，诸如此类隔靴搔痒的引导，导致朗读不能熔“导”“练”于一炉，不能融理解、感悟于一体。

3. 对思想内容的理解肤浅单一

课文，尤其是文学作品具有无限的开放性，其意义不是固定不变的，在不同的场合，甚至不同的对话主体间，作品会不断地显示出它的新的意义。这样，作品本身就形成了具有生发作用的主体，它的多重意义也只有在与欣赏者的对话中，才可能生发出来。而一些教师以自己和教参为中心，将自己掌握的有关知识灌输给学生，不让学生自己先去理解语文课本中一篇篇的文章，去仔细揣摩，去获得知识。

二、改进阅读教学方法的策略

1. 面向全体，因材施教

“教”是为了“学”，在教学中，主体是“学”，关键是“教”，要通过“教”来调动学生的主观能动性，发挥学生的积极性。因此，要坚持以学生为主体、以教师为主导的原则，注重对学生能力的培养，从而实现教师主导下的学生自主学习，使学生真正成为学习的主人。同时，课堂教学要体现层次性，重视主体的学习状况和个性差异，把教学目标多层次、多规格地落实到每一个学生身上。

2. 保证学生在课堂上充分活动的时间

教师要为学生创造生动活泼的学习气氛，保证学生在课堂上有充分的语言实践时间。如每节课学生读书的时间、做练习的时间最好不要少于1/2。在练习方法的选择上，教师应尽可能采用让全体学生参与的形式，引导学生积极参与训练，从而做到动脑、动口、动手。语文课的教学多以集体的形式进行，而听、说、读、写能力的实际应用主要是靠学生的个体活动，课堂上应当多留一些时间让学生投入地读书，静静地思考，扎实地练习，让学生真正成为学习的主人。

三、应重视的几种学习方式

1. 提倡预习

预习是学生阅读学习过程中的一个极其重要的环节。教师可指导学生先行阅读文本，并做好这几项工作：认识生字新词；练习分段标点；思考“探究练习”；提出疑问之处；提出自己的观点。在学生预习时，教师尽量不要干涉，让学生在相对宽松的环境中，自行分析、解决问题，使学生独立获得知识、解决问题、发现真理。

2. 鼓励批注评点

学生在预习的过程中，会对文本产生自己的想法、见解，教师要鼓励和指导学生把这些看法、见解写下来，要指导学生学会圈点、画线、批注。学生可以就文章的观点阐述自己的见解，也可以就某句话、某段文字写下自己的看法。

3. 倡导讨论

叶圣陶先生是这样评价讨论的："上课的活动，教学上的用语称为'讨论'，预习得对不对，充分不充分，由学生与学生讨论，学生与教师讨论，求得解决。应当讨论的都讨论到，须待解决的都得到解决，就没有别的事了。这当儿，教师犹如集会中的主席，排列讨论程序的是他，归纳讨论结果的是他，不过他比主席还多负一点责任，学生预习如有错误，他得纠正，如有缺漏，他得补充，如有完全没有注意到的地方，他得指示出来，加以阐发。"① 他还说："逐句讲解的办法废除了，指导预习的办法实施了，上课的情形就将和现在完全两样。上课做什么呢？在学生是报告讨论，不再是一味听讲，在教师是指导和订正，不再是一味听讲。"② 讨论能够得到"切磋琢磨的实益"。"讨论"其实就是"对话"。对话是优秀教学的一种本质性的标示。课堂教学中对话是多重的，通过对话可以相互交流观念、建议、结果和经验得失。

---

① 叶圣陶著；中国教育科学研究院编：《叶圣陶语文教育论集》，教育科学出版社，2021 年，第 49 页。

② 同上，第 61 页。

农村留守儿童课外阅读指导教学案例

“兴趣是最好的老师”，学生阅读兴趣的培养至关重要。农村学校的语文教师应开展丰富多彩的读书活动，展示学生的读书成果等，不要给学生布置过重的阅读任务。虽说“不动笔墨不读书”，但很多时候教师可让学生无任何书面作业地“零负担读书”，提高学生的阅读兴趣。

一、保证学生的阅读时间

1. 转变观念，改革课堂，优化课堂

教师要加强学习，转变观念，改变课堂教学模式，提高课堂教学效率，每周抽出一个课时用于组织学生进行课外阅读。当然，这要根据各地、各学校的实际情况，做出合理的安排。

2. 作业设置要精巧

现在一部分农村教师仍错误地认为题海战术是巩固教学效果最有效的手段，因此重复、机械、无意义的作业布置得较多。教师要转变观念，尽量布置设计精巧、高质高效的作业，把时间腾出来引导学生进行“自我阅读”。如果每天能保证半小时以上的自由读书时间，学生的阅读能力就一定能大幅度提高。

3. 组织留守儿童进行课外阅读

农村教师可以鼓励学生利用零星的时间自觉读书、看报，丰富知识，开阔眼界，提高阅读能力；还可以利用电脑课教会学生上网阅读，丰富农村留守儿童阅读的方式。

二、指导学生掌握正确的阅读方法

农村教师应指导学生选择健康的、有益的课外读物。课外阅读好处多，但开卷未必就有益。别林斯基说得好："阅读一本不适合自己的书，比不阅读还要坏。我们必须学会这样一种本领，选择最有价值、最适合自己需要的读物。"① 所以，指导学生正确选择课外读物非常重要。

1. 精益求精

《义务教育语文课程标准》中为小学阶段推荐了360本图书，但说实话，360本全部读完确实有点困难，而且我们应该有的放矢，选择一些更有效、更有利于培养孩子阅读能力的书。

2. 严而又严

教师应严格按规定推荐读物。要严格执行教育部印发的《中小学生课外读物进校园管理办法》。各年级要制定《学校课外读物推荐和管理办法》，包括工作原则、工作标准、推荐程序、推荐结果、公示、备案。每一个年级的小朋友都有独属于自己的特点。随着年龄的增长，他们也有着不同的阅读需求和兴趣点。教师要抓住不同学生的这些需求和兴趣点，选择适合的书给小朋友阅读。

3. 重视儿童报刊阅读，让优秀少儿报刊浸润孩子心灵

课外阅读应该多形态、多层次、多内容、多题材、多形式。可以给小学生配备一些童书、报纸和刊物，给中学生配备一些名著、文学刊物和中学生报刊。对小学生来说，语文学习压力不是很大，多读一些文体比较简单、规范也有趣的儿童文学作品，尤其是读一些儿童刊物和报纸，是非常有益于培养语文学习兴趣的。举办一些家庭阅读指导讲座，可以在一定程度上消除家长为孩子选书、读书的焦虑。

4. 教师可以教给学生正确的读书方法

授人以鱼，不如授人以渔。教师要重视引导学生阅读，更要注重把阅

① 王增奎、张晓然主编：《阅读策略与技巧》，中国大百科全书出版社，1993年，第7页。

读的方法教给学生。可以要求学生在日常读书看报的时候，遇到精彩之处或对自己有用的句子，就用符号标出来；可以指导学生在阅读时进行行批、旁注，记录阅读时灵光闪现时的偶感随想；也可以组织学生将读书过程中遇到的自己喜欢的优美词句摘录下来；还可以引导学生在看完一篇精彩的文章后把自己的所思所想、所感所悟写下来，形成读后感，进一步提高写作能力。

三、指导学生学会做读书笔记

“好记性不如烂笔头”，教师应让学生养成“不动笔墨不读书”的良好习惯。教师应指导学生做读书笔记，如摘抄好词、好句、好段，以丰富语言，增长知识，启迪思维，陶冶情操；写提纲要领，掌握读物内容及作者思路，从中学习表达的方法；结合现实和个人经历写读后感，提高分析事物的能力；读完故事后续编故事，改写故事，拓展联想和想象力，从而培养创造性思维。教师要通过提示范例、摘录评讲、交流感想等方式，提高学生做笔记的能力。农村语文教师要更加积极地拓宽学生课外阅读的渠道，为农村学生能够读更多的书、更好地读书保驾护航，让孩子们能够尽情地徜徉在课外书的海洋中，吸收更多的营养，积累更多的语言，亲近母语、陶冶情操。

四、教会学生课外阅读方法，让学生练习课外阅读

用什么样的课外阅读方法，才能更好地保证农村留守儿童阅读量的增加与效果的提升呢?

1. 以此类推的方法

在指导学生阅读课本的同时，教师可以采用读一篇带多篇的方法，大量推荐与课文类似的材料供学生阅读，让学生获得更多的心灵感悟。相似类型的文章往往有许多相通之处，这样一来就可以大大提高学生的阅读效果。

2. 寻查式方法

像《大自然的书》这种知识性较强的文章资料，容易涉及各种不同类

型的相关问题，也可能是学生最想了解的未知部分。当学生遇到问题时，教师可以提醒学生去主动查找相关资料，寻求答案，旨在让学生在查找、搜集、阅读、辨别、思考与交际的实践过程中，获得更多、更丰富的知识。这样既能锻炼学生的能力，又能激发他们的阅读兴趣。

3. 推荐式方法

小学语文课文有些是根据原作节选或改编的，在学生读懂课文的基础上，教师不妨把原作推荐给学生阅读。学生此时已具备读懂课文的基础和方法，在练习阅读原作时就会自然运用，这样学生也许会产生更浓厚的阅读兴趣。

五、开展活动促训练，推动学生良好阅读习惯的养成

课外阅读习惯的培养要长时间坚持，只要持之以恒地训练学生，激发学生的读书兴趣，使学生养成良好的阅读习惯，掌握正确的阅读方法，主动读书就会逐渐成为学生自觉的学习行为。

1. 组织阅读考查与交流

教师应该对学生的课外阅读进行定期考查，了解学生课外阅读的情况，肯定孩子们在课外阅读中的收获，发现该过程中存在的一些问题，以便更好地指导学生的课外阅读活动。教师还可以定期安排在某节课上，组织学生开展各式各样的课外阅读主题交流活动，让学生之间加强交流，碰撞出思想的火花，并通过这种最直接、最贴近的思想感情传递，互相学习、取长补短。

2. 组织开展课堂故事会、课本剧表演等活动

教师可在班级定期开展课堂故事会、课本剧表演等活动，让学生选取课外书里的一个故事，利用课余时间自行排练，然后，在课堂上表演或参加讲故事比赛，看谁表现得好。组织学生鉴评小组，对课堂上表演优秀的同学，给予积极的肯定与鼓励。组织开展这样的课堂活动，可积极提高学生的阅读、领悟、形象表达能力与思维能力。

3. 开展读书竞赛活动，激发学生的阅读兴趣

可限定篇目，设计题型，开展多层次的阅读竞赛，通过举办学生优秀

作文“征文比赛”或班级手抄报、黑板报比赛等，促进学生阅读能力的发展。这些对开展课外协作活动、提高学生的读写能力、促进学生的思维发展、活跃学生的学习生活都大有益处，以此可让学生体验自己的成功和荣誉，使学生逐渐感受到读书带来的喜悦，让读书成为生活和学习的需要。

总之，学生课外阅读是一个系统的学习工程，需要师生、家长持之以恒、锲而不舍地共同努力。目前，教育主管部门越来越重视学生的课外阅读，各级政府正在落实国家教育均衡发展的政策措施，有些学校也在尝试建设书香校园。让学生喜欢阅读、自觉阅读、交流阅读体会，已经成为一些学校寻求教育新突破的一个途径。愿农村小学课堂和学生家庭也能掀起一个个读书热潮，不断提高学生的课外阅读兴趣和阅读水平，让有利于学生成长的好书陪伴农村孩子走出课堂、走向社会！

小学生独立阅读能力的培养策略

新课程改革强调阅读是学生的个性化行为。在小学语文阅读教学中，提倡学生在阅读思考的基础上，重视阅读实践，并且能从中逐步学会思考，学会读书。在新课改背景下，采取哪些策略有利于实现上述目标呢？笔者结合自己的工作经验，提出以下策略：

一、以读为本，激发阅读兴趣

要想实现小学语文阅读教学的目标，激发学生的阅读兴趣是基础。只有学生有阅读兴趣，才会激发其阅读的积极性和创造性。也唯有如此，阅读对他们来说，才不是负担，而是无尽的乐趣和执着的追求。小学语文教材里不乏文学作品。这些课文内容具体，形象生动。无论写人、记事，还是绘景、状物，都生动传神，颇具阅读美感。因此，在进行课文教学时，教师不妨引导学生对文章中精练的语言进行欣赏，进而体会作者的思想感情，在和作者产生思想共鸣时，对文章里生动的记述及描写产生强烈的感受，进而在他们的脑子里唤起相应的形象。这时，学生就会被形象的画面所吸引，进入文章所描绘的境界。在这种境界的吸引下，他们会越读越想读，越读越爱读……自然，他们也会从阅读当中得到乐趣。

二、以字、词、句为基，打好阅读基础

文章基本要素的基础是字、词、句，字、词、句也是阅读的根基。学生如果不能通顺连贯地理解文章的字、词、句，又如何打开阅读的大门呢？对小学生而言，字、词、句正像他们手中的积木，要想把积木组装好，首先需要认识一个个的零件。相对于阅读来说，可能字、词、句的学习这一

阶段的教学是最枯燥的。但是，这一环节无疑是非常必要的。在整个语文教学过程中，对字、词、句的学习都必须重视。否则，一旦“忘本教学”，阅读乃至整个语文教学就会像“空中楼阁”一样。那么，如何进行字、词、句教学，为阅读服务呢？

1. 注重生字听写

在小学语文教学中，生字听写是识字和积累字的传统方法，也是很有效的方法。在学生阅读之前，在他们学习每课之后，教师要注重对学生进行生字的听写，这可以尽快、有序地帮助学生积累大量的词汇。丰富的识字量是阅读的必要基础。

2. 抓好词句训练

掌握了字词，还要注意能够成得了句子。学生写句子的训练有造句、解释等。尤其是教材中的古诗词及句子的练习，很有利于学生做好句子的积累工作，为他们的阅读打下坚实的基础。古诗词其实是句子的精华，学生如果能掌握一定量的诗词，甚至学会运用诗词，将会大大有利于他们的阅读学习。在平时的教学过程中，教师还要特别重视句子、诗词的讲解。如《望庐山瀑布》《题西林壁》等古诗，教师可以细细引导，带领学生体会诗句的含义，让学生明白有些诗句、修辞用得恰如其分。

3. 抓好语段教学

俗话说“巧妇难为无米之炊”，但是有了“米”，没有巧妇也是不行的。对于阅读来说，字、词、句是“米”，掌握阅读方法的人就是“巧妇”。语段教学正是阅读的起点。那么如何开展语段阅读教学呢？

第一，“问、读、划”。所谓“问”，指带着问题去读。所谓“划”，指带着笔去读。“读划”是语段教学最直接、最简单的方法。

教师在设计问题时应点明，要让学生通过文章中的语句找到答案。这样，在阅读过程中，学生就会将问题具体化，对待问题就不会无从下手了。学生掌握了这个方法，就会大大增强阅读的自信心。在这个过程中，学生不仅树立了信心，而且做到了心、口、手的统一，养成了一种良好的读书习惯，这正是我们阅读的要求。

第二，找问题阅读。所谓找问题，即鼓励学生在阅读中自己发现问题、提出问题。在教学过程中，针对文中的一些重点语段，教师可以先让学生提出问题，再教学。具体做法为：首先，选择一个语段，让学生自由朗读，继而开展小组讨论，收集大家发现的问题；其次，集体讨论，选取几个典型的问题，让学生围绕这几个问题再次朗读；最后，让学生解决这些问题。经过一番朗读、讨论、分析，学生对该语段已较为熟悉了。这些问题对于他们来说，可以说难度不大。所需要做的就是逐一解决剩下的问题即可。在这个方法的实施过程中，需要注意，教师要充分尊重学生的问题，保证气氛的热烈。

第三，从课文出发进行阅读指导。教给学生一定的阅读方法需要教师在日常教学中完成。文章是一个系统的整体，有着极强的内在联系。因此，在阅读教学中，教师可以从课文出发，从整体入手，教给学生一种整体的阅读能力。学生可以按照整体—部分—整体、综合—分解—综合的方法来开展阅读，这是阅读活动中理解文章内容、把握文章框架、感悟文章内涵、领会文章写法的基本方法。在阅读教学中，教师应该从整体入手抓住文章的内在联系，认真钻研教材，抓住语言表达思想内容的规律性的东西，从中找到突破口，进而确定教学的整体框架。在抓整体、抓联系的基础上，选择一个合适的突破口设计一个阅读教学的整体框架是十分必要的。在课文教学中，教师可以寻找几个突破口进行教学。选择突破口可以紧扣题眼，即文章标题中的关键字眼，透过这个关键字眼，窥视中心，把握主旨。

综上所述，阅读是一种积累，同时，也是一门艺术。无论什么样的阅读指导，教师都不可“一言堂”，而是需要“百家争鸣”。在阅读教学中，教师切记不能用统一的标准化的答案去束缚学生的思维。要实现阅读教学的目标，教师就要让学生在阅读的过程中读出自己的感情，真正落实学生学习的主体地位；要依据语文学科自身的特点，结合学生学习语文的心理特征，让他们在阅读的世界中发现问题、解决问题；要善于从各个不同的角度，想方设法引导学生学习语文、热爱阅读的愿望和动机，以实现高质量的教学效果。

提高学生阅读能力的有效途径

在语文教学中，阅读教学是一个很重要的部分，所占用的教学课时也最多。通过阅读，学生不仅能够了解中国几千年的文化和西方的文化，还可以提高自身的科学文化水平。学生可以利用书本中的知识来认识世界，学会与人和社会交流沟通。

一、教师应加强词句训练

如果想要更好地理解文章中的内容，就需先理解文中出现的词语和句子。正确使用已学过的词语，才能准确地表达出真实的情感。阅读与写作的基础是对词语和句子的掌握。由此可见，训练学生对词语、句子的理解和积累是培养学生阅读能力的重要内容。在进行词语训练时，要注意：同时了解词语的运用方法，将学和用有机结合起来；引导学生加深对常用句式和词语的认识，并进行口头练习或者书面写话练习，让他们了解在不同的语境中词语和句子的意思与用法。为了加深学生的理解，教师应变换词语和句式的说法。

二、教师应做好预习的指导

预习可以培养学生的自主学习能力，也可以提高课堂教学的质量。低年级的学生大多没有掌握预习的本领，教师应在课堂上教给学生预习的方法。教师可以让学生熟读课文直到能够准确流利地朗读整篇文章；学生读课文要边读边想，直到能准确地叙述文章所表达的主要内容；对于不认识的字词可以查阅字典，加深理解；对于不理解的句子应做好记号。预习不仅可以提高课堂教学的质量和学生自主学习的能力，也可以为学生的大量阅读提供条件。对于阅读教学来说，学生的自主学习是一个很好的开端。

三、教师应营造民主和谐的学习氛围

为了减轻学生学习的精神负担，教师需营造民主和谐的学习氛围，来鼓励学生积极主动地探索。在阅读教学的过程中，教师应与学生处于平等的地位，一起读书、研究和讨论。教师充当引导者的角色，学生占主体地位。教师和学生共读一本书，有利于拉近师生之间的距离，教师可以走近学生，真正成为学生的朋友。不同学生的阅读能力和层次不同，因而要选择一本适合大多数学生的书，这本书还要能激发学生阅读的兴趣。比如，《我的爸爸是英雄》这本书属于绘本，书中巧妙地运用了绘画技巧，书中的意境对学生的吸引力很大，书中的内容浅显易懂，学生很容易接受。课堂上，教师还可以举行读书交流会，很好地了解学生的阅读水平，为给学生选择合适的课外读物奠定基础。在阅读教学的过程中，教师应仔细聆听学生的意见，鼓励学生说出自己对文章的看法，无论对错，教师都应予以表扬，长期训练，学生将会敢说话、爱说话、善表达。在这种和谐的学习氛围中，学生可以愉悦地学习，学生的积极性、创造性、合作精神和主动性能得到充分发挥。

另外，在进行阅读教学时，教师要抓住每一个单元的训练重点，采用精读带略读、课内带课外、一篇带多篇的群文阅读方法，有计划地训练学生，以提高学生的阅读能力。

总之，在语文教学中，教师应认真对待阅读教学，对学生展开有目的、有计划的阅读训练；在阅读训练的过程中，教师要采取合适的方法，一方面让学生知道阅读的快乐，另一方面提高学生的阅读能力。

善于抓学生特点有利于提高阅读教学质量

在小学阶段，阅读对学生来说是非常重要的，阅读是他们获取信息、处理信息、认识语文的重要途径。同时，掌握好阅读方法和技巧可以让学生提高自身的理解能力，有利于学生形成正确的人生观、价值观。教师要教会学生阅读的方法，以提高学生阅读的质量。那么，在教学中教师应该如何提高学生的阅读兴趣，使学生更好地学习阅读这一板块的知识？在不断的实践中，笔者也探索了大量的教学策略，好让学生掌握有效的阅读方法，提高他们的阅读能力、写作能力和交际能力，使他们适应更高层次的学习要求。

一、加强学生的阅读训练

小学生的成长特性导致他们具有不同于初中生的特点，他们的特点也要求教师对他们的教学方法要有所改变。小学阶段，学生的好胜心强，活泼好动，每天的精力比较旺盛，但在课堂上集中注意力的时间不能持续很久。教师在指导小学生的过程中不要过长时间地给学生讲解知识，不然就很难取得预期的教学效果。在花费时间讲解课文后，教师就应该抽出时间对学生进行阅读训练，让他们及时掌握所学课文。

首先，要加强学生的朗读训练，这是培养学生阅读能力的首要手段。在语文教学中，如果教师可以恰当地运用朗读训练，就可以大大提高自己的教学效果，也可以让学生更加理解课本。因此，教师在教学中一定要重视朗读这一环节。第一，要求学生用普通话朗读，注意拼音的准确性，声音要洪亮，吐字要清楚。第二，要求学生流利地朗读。在学生朗读几遍课文后，就应该要求他们流利地朗读课文，这时候也需要学生自然连贯地朗读，在朗读时注意语气的轻重缓急，把其中的感情读出来。

其次，在要求学生朗读的时候，不仅应指导他们使用准确的读音，还要让他们把文章所要表达的思想感情表现出来，读出节奏，读出感情。在课堂教学的过程中，针对相同的内容，不同的学生朗读起来会有不同的感情。当出现这种情况的时候，教师不能武断地指出哪个学生表现的感情是对的，哪个学生表现的感情是错的。教师应该对不同学生表现出的不同感情加以分析，引导他们往正确的思想感情方向发展。但不管他们采用哪一种语气，教师都应该尊重他们的想法，还要鼓励他们把自己的想法表达出来，鼓励他们多读，多表现。

二、发挥学生的主观能动性

在教学过程中，教师要充分发挥学生的主观能动性，尊重他们的主体地位。在一堂课的讲授中，教师要把课堂还给学生，激发学生的发散性思维，提升他们的思考能力，尊重他们的内心体验。在阅读教学中，教师一定要重视学生的朗读训练，让学生在初步理解课本的基础上能够准确朗读课文。但在读的过程中教师要告诉学生为何而读，怎么才能读好等，要让学生读懂课文、读通课文。通过反复提醒和训练，学生的学习积极性就会被激发出来，同时也可以掌握一定的阅读方法和技巧。

在开始时教师就可以让学生把课本中自己不会的字词勾画出来，并且在最初的朗读中着重掌握。接下来，教师要让学生通过朗读理解课文内容，有不懂的地方及时请教教师。教师还要让学生注意课文中的标点符号，体会文中所采用的修辞手法等各种表达方法，理解它们的用法。只有把各个方面的知识点都带入朗读之中，学生才能对朗读有更深层次的理解；也只有让学生不断思考、不断摸索，他们才能形成自己的思维，才能构建自己的知识网络。

三、感知课文，感悟阅读

只有把朗读和感受语言、分析语言、积累语言结合起来，学生才能从朗读中感悟语文知识，教师在阅读教学的过程中应注意结合以上几个方面对学生进行指导。通过一定时间的练习后，学生对朗读的课文就会有一定的理解。学生对课文有基本的理解以后，就需要去感悟课文。感知才能感悟。让学生在感知中去感悟课文，让学生把阅读和思考结合起来，让他们逐渐培养阅读的能力，这样才是成功的阅读教学。

小学语文课本中的课文都是经过精心择选的，具有启发育人的作用。因此，教师在教学中要注意对课文中的重点词句进行赏析，让学生在脑子里形成对知识的感性认识。因为小学生的思考比较具体，以形象思维为主，教师要引导学生去朗读，让他们在潜移默化中受到影响。每一篇课文的讲解都是一次美的熏陶，都是一次情感的陶冶。如果在小学阶段教师能够逐渐培养学生的审美能力，那么对他们进入初中后的学习是非常有帮助的。

在教学中教师一方面可以启发学生去想象课文中展现的情境；另一方面也可以创设课文中的情境，引导学生进入其情境。在阅读教学中，教师要避免烦琐的步骤，分析课文内容时要抓住重点，取其精华。朗读是学生感悟积累的重要手段，它可以带动学生听、说、读、写多感官的运用，因此，朗读是非常重要的阅读训练方式。在当代语文教学中，教师要多让学生朗读，减少对课本的具体分析。语文教学要注意学生语言的积累，注意对学生基本技能的培养，为学生以后的语文学习打下坚实的基础。

在小学阶段，阅读对于许多学生来说是非常困难的。一些学生看到比较长的一段文字时就直接放弃，根本不会去思考问题；一些学生在阅读过程中不仔细，对问题的理解也非常浅显，导致他们在回答问题时常常出错或者偏题，不能答到关键点上去，久而久之，这部分学生也容易产生畏难情绪，甚至放弃阅读。所以，教师在指导学生阅读的时候，首要任务就是激发学生的阅读兴趣，培养他们的阅读习惯和朗读习惯，帮助他们克服畏难情绪，让他们对阅读形成正确的认识，增强自信心，使他们树立起通过自己的不断努力、不断训练一定可以战胜阅读这一难关的信心。

总之，教师在教学过程中要不断探索，不断研究学生的学习特征，把握他们的心理特性，然后采取适合学生的教学策略。同时，教师要具有创新意识，不断调整和完善教学方式，以便不断提高自身的阅读教学效果。只要不断努力、不断创新，教师就一定可以提高教学效果。

“以读为本”的快乐阅读教学法探究

做人做事，快乐是非常重要的。怎样使我们的阅读教学快乐起来呢？实践证明，实施“以读为本”的阅读训练方法，是有助于实现快乐教学的。“以读为本，由读生疑，由读求悟，由读生情”是这一训练方法的指导思想。这一训练方法强调的“以读为本”，是对传统的讲读式教学方法的更新。讲读式教学方法包括讲解和朗读两方面。徐世荣先生在《谈谈朗读教学》中，对朗读与讲解做过精辟的比较，他说：“讲解是分析，朗读是综合；讲解是钻进文中，朗读是跃出纸外；讲解是摊平、摆开，朗读是融贯、显现；讲解是死的，如同进行解剖，朗读是活的，如同赋给作品以生命；讲解只能使人知道，朗读更能使人感受。”① 徐世荣先生的一席话，对以学生为主体的朗读的优势做了很好的总结。在讲读式阅读教学基础上创立的“以读为本”的阅读训练方法，发扬了讲读式教学法中的“读”之长，避免了“讲”之短，是一种更合理、更有效的阅读教学训练方法。

一、“以读为本”的阅读训练方法强调学生是学习的主人，是学习的主体

早在几十年前，著名教育家陶行知先生就提出：“解放儿童的头脑，使之能想；解放儿童的双手，使之能干；解放儿童的眼睛，使之能看；解放儿童的嘴，使之能说；解放儿童的空间，使之能接触大自然和大社会；解放儿童的时间，不逼迫他们赶考，使之能学习自己渴望学习的东西。”② 这就要求教师把学习的主动权交给学生，让学生自己去读课本、自己去提问、

① 徐世荣：《谈谈朗读教学》，河北人民出版社，1964 年，第 3 页。

② 胡晓风等主编：《陶行知教育文集》，四川教育出版社，2007 年，第 532 页页下注。

自己去感悟、自己去说、自己去评价。而教师则是对学生进行适当的点拨、引导、激励，起一个引导者的作用。

学生在学习中，通过自己读、分组读、齐读、个别读等多种朗读形式，能做到认真读文、大胆提问、勤于思考、用心感悟，敢于发表自己的见解，从而提高自己的认识水平和理解能力。学生能自主感悟到一些知识，说明学生对课文的分析、理解能力得到了提高，真正读懂了课文。自主学习使学生悟出了学习规律和学习方法，变得爱读、爱问、爱答、爱动脑了，由“怕学”变得“爱学”了。

二、“以读为本”的阅读训练方法使学生体会到读书的乐趣

在读的过程中，一方面，课文的丰富内涵对学生产生熏陶感染，一方面，学生以自己的全部经验对课文做出多元反应，培养了语言的想象力，形成了良好的语感。

学生在读、疑、思、悟的基础上，以动手查一查（资料）、画一画（场景）、演一演（故事内容），动脑编一编（课文后续）、谈一谈（读后感想）、评一评（同学作品）等多种形式的练习，在轻松有趣的游戏中潜移默化地积累知识，锻炼语言能力，拓展思维能力。

三、“以读为本”的阅读教学是以尊重学生为前提的阅读训练方法

在教学中，教师要尊重学生，相信他们的智慧、潜力和创造力。学生在回答相互提出的疑问时，要采取开放式的补充回答的方式，不要拘泥于单一的答案。学生可以根据自己的理解做出不同的回答，这些回答只要与问题有联系，就都是学生感悟的结果。如果学生的回答不够完整，可请其他同学进行补充，只要沾边，都应视其为正确，予以肯定。即使学生的回答毫不沾边，教师也不要指责学生不对，反过来要肯定他敢于发言的一面，并表示自己相信他下次能回答好。

教师对学生的评价非常重要。如果教师对学生足够尊重，认为他行，他的表现就会很棒。可见教师是否信任、尊重学生会直接影响到学生的学

习信心。受到尊重的学生必然会信心十足地投入到学习中去，愉快地学习。

四、“以读为本”的阅读教学法的主要内容

1. 按结构特点分合，读精华读欣赏

如在进行《桂林山水》一文的教学时，由于全文的结构一致，因此，教师可以重点指导学生分析一段，然后归纳这段的学习方法，再把这一段与其他自然段进行比较，让学生自学其他的段落，由扶到放，充分体现学法指导。

2. 以读代讲，对比读，创设情境读

在阅读教学中，教师可以在学生自学、讨论前，先出示思考题，让学生带着问题去阅读；也可以让学生自学质疑，通过读课文，提出疑问。

3. 通读课文，整体感知，为写作做准备

小学阶段是学生记忆力最好、学习语言最深刻的时期。读、听、说、写是小学语文教学的四大任务，阅读的最终目的还是要落在写上，这就决定了阅读教学不能孤立地进行，要与作文教学有机结合。在教学中，教师要把学习读写、归纳阅读方法等放在重要的位置上，重视发挥课文的范文作用。

五、“以读为本”的阅读教学过程中的指导与评价

在课堂阅读的教学过程中，教师要善于运用各种方法与手段，调节、控制课堂气氛，使课堂教学活而不乱。如在教学《生命　生命》时，教师可引导学生围绕话题“我常常想，生命是什么呢?”充分地说说自己的体验；结合现在社会上的某些情况，谈谈自己是怎样对待生命的。这样，学生在与文本交流的过程中，思想就会发生碰撞，阅读就是这样一个个性化的解读过程。在实际课堂教学中，教师要更多地摒弃答案唯一式的问题，尽可能从不同层面、不同角度设计一些能够促进学生多向思维、个性思考的开放性问题，从而为学生的阅读提供广阔的空间。只要学生言之成理，能自圆其说，教师就应给予赞誉与鼓励。适当的指导与评价可以使学生在

主动积极的思维和情感活动中，加深理解和体验，有所感悟和思考，受到情感熏陶，获得思想启迪，享受审美乐趣。

“以读为本”的阅读教学法，能使教师从刻板、僵化的教学模式中挣脱出来，接触到更多、更新的教学观念，创造性地组织、策划教学，拥有更多的发挥能力的机会，顺应时代的要求。

“以读为本”的阅读训练方法，对培养学生的学习能力，提高他们的认识水平，发挥他们的个性，帮助他们形成开放性思维、积累语言知识等都有很大作用；对饱受讲解式教学之“苦”的教师而言，也是一个值得推广和探讨的好教法。它使“教”变得宽松，使“学”变得愉快，是一种快乐教学法。

怎样教育孩子阅读

“儿童的学习与发展的质量，是衡量教师主导作用的唯一标准。知识、技能和技巧，绝不是‘教懂’‘教会’的，而是教学生自身学懂、学会和会学的结果。而在学懂、学会和会学的全部过程之中，横贯一条线索，即主体的内化活动或学习认识活动。”① 胡克英先生的这段话道出了学生阅读的重要性，也告诉了我们教师应该尊重学生的自主阅读。在语文教学中，阅读教学占了相当大的比重，很多道理都是在阅读实践的过程中逐渐明白的。可是，在茫茫的书海中，小学生是很难正确地找到属于自己的宝藏的。这时，教师就要发挥启明星的作用，给孩子指明方向。特别是在倡导素质教育的潮流下，作为教师的我们必须思考：应该怎样教育孩子阅读？笔者觉得可以从两个方面去探索。

一、还孩子一个自由轻松的课堂

1. 导入要既自然又引人入胜

刚刚上课，孩子们没那么快进入状态，这时就需要教师通过导入来让孩子“热身”，使他们以更好的状态进入课堂学习。怎样的导入才能让孩子更快地进入状态呢？教师们想出了许多点子。一位教师在《新型玻璃》的导入中就做得很不错。她以一个引人入胜的防盗玻璃的故事来导入课文，让学生思考如今的玻璃还有哪些新奇的功能，不但吸引了孩子们的注意力，而且很自然地进入了课题。这样，课堂就变得轻松愉快，接下来的教学就可以很好地展开了。

---

① 胡克英著；瞿葆奎编：《胡克英教育文集》，教育科学出版社，2003 年，第 270 页。

2. 科学运用多媒体教学

小学生的理解能力有限，他们大多数都是通过五官等直接感受周围事物。而语文阅读教学这个环节本来就是通过书本间接地认识世界，这对于小学生来说是比较困难的。怎样才能让学生更好地体验文本内容呢？我们可以借助多媒体来处理这个问题。利用多媒体技术，通过图片、音频、视频等直观的东西来刺激孩子的眼球，激发他们的灵感。例如，在《松鼠》一文导入的时候，笔者先不着急说话，而是让学生观看一组关于松鼠的有趣的幻灯片，孩子们的眼睛霎时明亮起来，津津有味地欣赏图片。在《鲸》第二课时的最后一个环节，笔者也是利用多媒体播放了可爱的鲸怎样被杀害的情况，使学生有了深刻的体会，有些同学还忍不住哭了，还有的同学争先恐后地说出自己的感受和看法。多媒体是一个很好的教学辅助工具，只要运用得恰到好处，就能事半功倍。

3. 教师的引导语言要精简、准确

课堂的时间本来就有限，要使课堂变得有效，教师的语言就起着非常关键的作用。教师的话不能说得太多，不然就会回到传统的“三少一多”局面。既然学生是课堂上的主体，那么教师应该相信学生，给予他们足够的时间进行学习讨论或交流。但同时也要指引他们正确的讨论或交流方向，使他们在探讨的过程中学到新的知识和做人做事的道理。这就要求教师在平时备课的时候，设计好准确的引导方向和精练的问题，并在上课的时候用精简的语言来讲授，以此提高课堂效率。

4. 适当把舞台交给孩子

有时候在阅读教学中适当地加入才艺表演等课堂活动，可以实现一种锦上添花的效果。阅读教学除让学生体验文本外，还要让学生结合自己的生活体验和自己对文本的感悟表达出自己的想法。除传统的读、说、写外，有时候还可以把舞台交给孩子，让他们展示各自的才华，使他们成为课堂真正的主人。例如，一位教师在进行《鲸》的教学时，先让学生了解鲸的外形特点，然后把讲台交给学生，让学生通过各种方法来表现鲸的外形特点。有的学生通过绘画，把鲸的外形特点形象地表现出来；有的学生通过演讲，把鲸的外形特点说得很生动；还有的学生用小品表演的形式来表现鲸的特点。这种教学方法使学生能自由地表达自己的想法，既学得开心，又学得深刻。

二、送给孩子一个课外乐园

教师可结合孩子的兴趣推荐合适的课外书。仅仅阅读教科书上的文章是远远不够的，外面的世界无比丰富，教师应该鼓励孩子多读课外书，了解更多的知识。教师要指导学生去寻找适合自己的书籍，学生可以走进图书室，寻找自己喜欢的书刊。另外，教师还可以指导学生寻找书中的真、善、美。教师可以介绍一些与我国传统美德相关的儿童读物给孩子们，让他们了解我国的历史文化，逐渐养成良好的行为习惯，做一个对国家、对社会有益的人。教师甚至可以与学生一起交流读书体会，一个人的快乐与别人分享就会变成更多人的快乐。

学生只有通过不断的阅读（包括阅读课内的文章和课外的文章），才能提高理解能力，体验才会不断更新，思维才会不断改变。学生在课内掌握了读书方法，在课外补充不足的地方，通过课外阅读又可以加深对课内经典文段的理解。总之，阅读教学的主要目的就是教会学生如何去读，读出文本的思想内容，读出自己的想法，读出做人的道理，读出前人所没读到的内容，而不是把课文讲明白这么简单。

探析小学语文阅读教学中学生核心素养的培养

阅读教学是小学语文教学的重要组成部分，是语文教学的核心内容。成功的阅读教学不仅能够培养学生的“语感”，快速提升学生的“语文素养”，而且有助于提高学生的创造思维能力、想象力和理解能力。在阅读教学过程中，教师还可以抓住机会对学生进行品德教育和审美教育。

“学会运用多种阅读方法，具有独立阅读能力。”《义务教育语文课程标准（2022 年版）》是这样对阅读教学提出要求的。“读”正是阅读教学的第一大法。古人云：“书读百遍，其义自见。”现代教学理念也认为，如今的语文教学要摒弃过去惯用的“谈话法”“满堂灌”，要在多种形式的反复“读”的过程中引导学生去感受、去审美、去创造！

《义务教育语文课程标准（2022 年版）》对小学语文的教学任务做了总体要求：“能阅读日常的书报杂志，初步鉴赏文学作品，能借助工具书阅读浅易文言文。学会倾听与表达，初步学会用口头语言文明地进行人际沟通和社会交往。能根据需要，用书面语言具体准确、文从字顺地表达自己的见闻、体验和想法。”阅读教学作为语文教学的核心内容，在这一任务圆满完成的过程当中，起着举足轻重的作用。那么，阅读教学在语文教学中的具体意义何在呢？笔者不揣浅陋，认为主要有以下四个方面。

一、有助于培养学生的“语感”，快速提升学生的“语文素养”

《全日制义务教育语文课程标准（实验稿）》所提出的“语文素养”包括：字词句篇的积累，语感，思维品质，语文学习方法和习惯，识字写字、阅读、写作和口语交际的能力，文化品位，审美情趣，知识视野，情感态度，思想观念等内容。对学生进行长期的、有意识的“语感”训练，培养他们的“语感”，快速提升他们的语文素养，是语文阅读教学的首要任务。要具有良好的“语感”，就要从“朗读”入手，因为“朗读”是培养“语感”的良好手段，它是对语言的直觉的整体的领悟与感受。而“语感”是人们在长期的规范语言运用和语言训练中养成的一种对语言文字的领会和感悟能力，“语感”的素质就是在反复感受优秀的语言材料的过程中提高的，舍此别无他途。我们要在阅读教学的词语比较中培养流畅感，在语言想象中培养形象感，在朗读训练中培养情趣感，在篇章理解中培养意蕴感，以此帮助学生形成良好的“语感”，快速提升学生的“语文素养”。

二、有助于培养学生的创造性思维能力和良好的思维品质

在小学语文教学中，如何把语言训练和思维训练有机地结合起来，使学生的语言和思维同步发展，培养学生的创造性思维能力和良好的思维品质，培养 21 世纪创新人才，是摆在我们面前的一个重要课题。小学生的思维能力还不健全，不善于全面看问题，不善于认识事物的本质。那么，在阅读教学中如何培养学生的创造性思维能力和思维品质呢？一是要深思阅读要点，培养思维的深刻性；二是要综合阅读思考，培养思维的全面性；三是要变换阅读角度，培养思维的创造性。

三、有助于提高学生的想象力和理解能力

想象对语言文字的理解起着重要的作用，想象是思维的特殊形式。在阅读教学中，只有启发学生积极思维，才能使他们想象出一幅幅画面。在学生理解课文的基础上，加强有感情的朗读练习，让课文变成一幅画面浮现在学生头脑中，这也是培养学生想象力的一种方法。例如，在《卖火柴的小女孩》中，安徒生就用一系列的想象使小女孩得到她需要但又无法得到的温饱和快乐：热烘烘的火炉，美味的烤鹅，美丽的圣诞树，亲爱的奶奶，飞向天堂一样的地方。理解能力是阅读能力的核心，理解的过程是从语言文字中获取信息的思维过程，重视并致力于培养学生的理解能力具有

重要意义。

四、在阅读教学过程中往往渗透了品德教育和审美教育

培养学生高尚的道德品质和健康的审美情趣，引导学生树立正确的价值观和积极的人生态度，是语文教学的重要内容，而不是一种附加任务。阅读教学对于培养学生健康的审美能力、陶冶高尚的道德情操、培养全面发展的人才具有重要的作用。小学语文课本汇聚了中外名篇佳作，具有极高的品德教育和审美教育价值。因此，在语文阅读教学中，教师要利用课本中语言文字的美、文体结构的美，陶冶学生的情操，培养他们高尚的道德品质，使他们从小树立正确的道德观和审美观。

阅读教学是小学语文教学的重要组成部分，成功的阅读教学不仅能够帮助我们圆满完成语文教学任务，而且有助于我们完成“育人”的神圣使命。作为语文教育工作者，我们应更新观念，让每一个孩子在快乐的读学中成长，在快乐的读悟中走向成功。

教给学生阅读的方法和技巧

阅读是学生与作者心灵沟通的窗口。阅读教学的效果直接影响学生对文章的把握程度，进而也影响着语文教学质量。搞好阅读教学在培养学生的学习兴趣，提高学生的阅读能力、审美能力、领悟能力，发展学生的个性，培养他们的爱国情怀等方面都起着举足轻重的作用，并且为他们更好地汲取中华文化精华，提高人文素养打下基础。

如何才能搞好小学语文阅读教学，提高学生的阅读能力呢？

一、构建和谐课堂，体现人文精神

建立民主、平等的师生关系，营造和谐、融洽、欢快的课堂氛围有助于发挥出学生的潜能，激发出他们的创造性思维，这是上好阅读课的基础。因此，语文阅读教学应在师生平等对话中进行。这就要求教师转变观念，在教学中构建“我—你”的师生关系。对于学生来说，教师就是知识渊博的好朋友。教师要营造宽松、和谐的课堂教学氛围，给学生提供有利于激发学生阅读兴趣，支持和引导学生发展阅读能力的物质环境与人文环境。教师在课堂上要善于发现学生学习过程中的闪光点，及时给予鼓励，使他们树立学习的信心，对于学生的不足之处要巧妙地处理。

二、培养想象能力，激发创新思维

爱因斯坦曾说：“想象力比知识更重要，因为知识是有限的，而想象力概括着世界上的一切，推动着进步，并且是知识进化的源泉。严格地说，想象力是科学研究中的实在因素。”① 这两句话精辟地指出了知识和想象力的关系，知识借助想象力而发展，想象力是知识进化的先导，由此可见想象对知识的重要性。小学语文阅读教学同样要注重学生想象力的培养。首先，通过想象才能更好地把握作者描述的意境和作者的心境，抓住主题，加深理解。其次，想象力与创造力是一对“孪生兄弟”。著名哲学家康德说：“想象力是一个创造性的认识功能。”② 在语文阅读教学中培养学生的想象力，能为学生今后更好地写作打下坚实的基础。

1. 创设良好的阅读情境，激发学生阅读的兴趣

教师应当创设生动、美丽的情境，使学生获得美的感受，产生喜悦，应当充分发挥学生的想象空间，使其内心的“情”在特定的“境”中升华到一种新的境界。

例如，教师可以使用提问创设情境法，通过设置有吸引力的问题来创造一个好的阅读动机；也可以使用看图导入法在阅读教学中用教科书中意境优美、色彩鲜艳的情景图及教学挂图作为直观教材，鲜明地揭示事物之间的关系，使学生获得较深的印象，化抽象为具体，给学生提供丰富的感性经验。教师运用媒体创设情境法可在学生阅读时灵活运用声音和图像，让学生沉浸在文章的表达氛围中，产生丰富的联想，在潜移默化中激发学生的阅读兴趣和创新思维。

2. 以“读”引“想”，引起情感共鸣

在阅读时，教师要引导学生把阅读的思路与作者文章的思路连起来，着重把握体现作者情感的句子，通过阅读让学生大胆展开想象，从而激发学生的想象，使学生真正读懂课文，真正读出感情，真正体会课文所要表达的情感。

三、注意评价的适当性

教师评价的作用是巨大的，一句挖苦讽刺的话，就会给学生心灵的创

① 许良英、李宝恒、赵中立、范岱年编译：《爱因斯坦文集》第 1 卷，商务印书馆，2009 年，第 409 页。

② 康德：《判断力批判》，《外国理论家作家论形象思维》，中国社会科学出版社，1979 年，第 33 页。

伤撒上盐，一个热情的目光、鼓励的微笑又可以点燃学生心灵深处的星星之火，把学生从“黑暗”带到“光明”。因此，在阅读教学中，教师要注意运用适时适当的评价。如笔者刚接手三年级时，有一名学生每次读课文时都错字连篇，窘态百出，常常引起同学们的哄堂大笑。遇到这种情况，笔者没有批评他，下课后，笔者把他叫到一边，让他重新读了一遍，对读错的字进行纠正，并鼓励了他一番。第二天一上课笔者让他重新读了一遍，这一次他只读错了几个字，有几个学生发出了笑声，但大部分学生发出了“咦”的声音，为他的进步而赞叹。借着这个机会，笔者便狠狠地表扬了他一番，让他在同学中间树立起自信心，并鼓励他课余时间多向老师和同学们请教，几个星期下来，他便有了明显的进步。

小学生的各方面都没定型，他们在阅读和理解文章方面也是有差异的。因此，在阅读教学的评价中应本着求同存异的原则。“同”是指评价以人为本，以促进学生个性和人格的和谐发展为根本目标、共同目标，把握住大方向。“异”是指允许学生观点差异的存在，在评价中注重目标的多元化、方式的多样性和灵活性。对于那些体现学生的积极思考、大胆创新和发展，而又不算“大逆不道”的地方，教师都应给予肯定。教师要关注每个学生在阅读过程中的独特体验和个人感受，应当用热情、真诚的语言和期待的目光来有效地调控学生的阅读过程，鼓励闪光点，使学生心理处于“蠢蠢欲动”和“欲罢不能”的积极状态，始终以愉悦的、高涨的情绪积极投入到阅读学习活动中。对于学生的缺点也要巧妙点拨，既不伤学生的自尊心，不打击学生的积极性，不抹杀学生的创造力，又使学生得到提高。有时候我们可以采用一分为二的评价，找到他做得好的地方，先鼓励，然后纠正错误。

四、精心设计阅读的形式

指导学生读书，形式应灵活多样，做到因材施教，恰到好处。为了让学生获得整体印象，得到潜移默化的思想熏陶和美的享受，教师应对整篇课文或重点段落进行欣赏性示范读。当教材中出现了句子长、结构复杂或文章难懂的片段时，教师可以采取领读的办法，引导学生读通、读顺、突破难点。为了让学生从不同声调、音色上感知和了解课文的层次结构，也为了便于大面积检查和训练，对于篇幅较长、自然段较多的课文，可由几个人或全组、全班学生接续读。为了让学生根据教师提供的线索和序目理清文章脉络，捕捉关键词句，可引导学生细心默读，在读中思考句子。为了诱发想象，形成意境，发展形象思维，对于画面集中、含义深远、语句优美、描写生动的地方，教师可指导学生小声自读。为了帮助学生提高兴趣，深入理解内容，体会人物思想感情，对故事情节复杂、对话较多的课文，可进行分角色表情朗读。对于句意连贯、句式复杂、内在联系紧、逻辑性强的句群、句组或段落，可采用层层点拨设问、步步引读的形式。为了强化记忆，激发灵感，活跃气氛，对于诗歌、警句或精彩的句段也要齐读。当然，还可以让学生听录音进一步体味朗读的技巧。为了较好地进行朗读的训练，教师应做到“先扶后放”“有扶有放”，在低年级采用师生伴读的形式。为了激发学生的进取心和竞争意识，提高朗读效果，可采用分人或分组轮读的方式。要因材施教，精心设计读的形式，其目的在于让学生读懂、读熟、读通、读好课文，提高理解和运用汉语言的能力。

在阅读教学中培养学生感悟语言文字能力的方法

感悟，既是学生学习语文的一项重要目标，又是学生学好语文的一种基本方法。“感”是对语言的直接接触和感受，整体性和形象性是其基本特征；“悟”是在充分感知的基础上，在思维、想象、情感等心智活动的参与下，对阅读材料的内涵及语言组织形式等方面的深层把握和领悟，思想性和情感性是其基本特征。在语文教学中，学生学习语文不是一种纯客观的认识过程，而是一种带有鲜明主观色彩的感性与理性相统一的感悟过程。因此，阅读教学必须加强语言文字的训练。叶圣陶先生指出：“一个人即使不预备鉴赏文艺，也得训练语感，因为这于治事接物都有用处。为了鉴赏文艺，训练语感更是基本的准备。有了这种准备，才可以通过文字的桥梁，和作者的心情相契合。”① 语言文字的训练最要紧的是训练语感，多训练语感，必将渐能驾驭文字。吕叔湘先生也曾经指出：“语文教学的首要任务是培养学生各方面的语感能力”，“一个学生的语感强了，他在理解方面和表达方面都会不断前进”。② 可见，阅读教学必须切实地加强学生的语言感悟能力训练。那么，在阅读教学中，如何培养学生感悟语言文字的能力呢？

一、比较朗读法

比较朗读法，是将课文中一些精妙的语句做适当的调整，然后引导学生将调整后的语句与原句进行比较朗读，教师不做多讲，只让学生在朗读

① 叶圣陶著；中国教育科学研究院编：《叶圣陶语文教育论集》，教育科学出版社，2021 年，第 197 页。

② 刘连庚：《学习语法和培养语感——访吕叔湘先生》，《语文学习》，1985 年第 1 期。

中意会，在比较中感受，通过比较朗读，训练和培养学生感悟语言文字的能力，使学生的语感能力得到进一步提高。叶圣陶先生说，学习语文“不该只用心与眼来学习；须在心与眼之外，加用口与耳才好。吟诵就是心、眼、口、耳并用的一种学习方法”。① 由此可见，朗读在阅读教学中有着重要的地位。如《草船借箭》一课中的第一句话：“周瑜看到诸葛亮挺有才干，心里很妒忌。”我们可将句中的“挺”“很”去掉，改成“周瑜看到诸葛亮有才干，心里妒忌”。然后比较朗读，进行品味。学生便会从“挺”“很”两个词语中感悟到诸葛亮的才干不是一般的才干，而周瑜的妒忌也不是一般的妒忌。又如，《将相和》一课中有一句话：“秦王我都不怕，会怕廉将军吗?”如果改成“秦王我都不怕，不会怕廉将军”，虽然它们表达的意思一样，但通过朗读比较，学生便能悟出它们表达的效果不一样。有比较才有鉴别，通过比较，学生很容易揣摩出课文中语言文字运用的精妙，从而培养其对语言文字的敏锐感受。

二、多媒体训练法

在现代教学设备普及的今天，多媒体的运用在我们日常的教学中有着不可替代的地位。现代教育技术对教学所起的作用，不只是点缀，还可能成为浑然一体的血肉——教育的资源。在小学语文阅读教学中，教师善于利用多媒体文、图、声并茂的特点，从学生和教材的实际出发，精心设计课件，既能激发学生的学习兴趣，又能帮助学生感悟课文语言。比如，《鸟的天堂》是这样描写作者第二次经过鸟的天堂所看到的景象的：“我们继续拍掌，树上就变得热闹了，到处都是鸟声，到处都是鸟影。大的，小的，花的，黑的，有的站在树枝上叫，有的飞起来，有的在扑翅膀。”如果只是几只小鸟的叫声，学生也许还能想象，然而不计其数的不同种类的小鸟在同一棵大树上活动、鸣叫，那热闹的场面对于没有到过鸟的天堂的学生来说，只通过语言文字来感悟是困难重重的。因此，在这时候，教师可以恰到好处地出示一段小鸟天堂的录像，让学生看到那众鸟纷飞的热闹场面，

---

① 叶圣陶著；中国教育科学研究院编：《叶圣陶语文教育论集》，教育科学出版社，2021 年，第 9 页。

听着那百鸟齐鸣，仿佛身临其境。此时，学生无不惊之叹之，陶醉其中，浑然忘我。看完录像后，教师让学生交流感受。学生个个有感而发，兴趣盎然，自然而然地提升了对语言文字的感悟能力。

多媒体辅助教学能使枯燥无味的知识变得生动、形象、有趣，引导学生全身心地投入到教学的“双边”活动中，是培养学生对语言文字的感悟能力的有力武器。例如：进行《田忌赛马》一课教学时，笔者利用多媒体动画演示了田忌与齐威王的第二次赛马过程，马还是原来的马，只是调换一下出场顺序，结果就不一样。之后，笔者并没有做过多的讲析，而是让学生进行交流、讨论。这样，既让学生感知了课文的思想感情，又培养了学生对语言文字的感悟能力。

三、联系生活实际体验法

研究证明，人们对语言的敏锐感受和对生活的敏锐感受紧密相连。教学时，教师若能引导学生联系自己的生活经验，设身处地体验课文所描绘的情境，就会使语言文字在头脑中形成的图像逐渐鲜明具体，进而入情入境。

《第一场雪》中有句话是这样写的：“那些冬夏常青的松树和柏树上，则挂满了蓬松松沉甸甸的雪球儿。”“蓬松松”“沉甸甸”两个叠词，生动具体地描绘了雪落枝头的情态。教学时，可启发学生联系平时在电视或挂图中看到的雪景来理解，对于“蓬松松”的雪球怎么是“沉甸甸”的这个似乎矛盾的问题，更应指导学生结合自己的生活经验来理解。如棉球是蓬松松的，拿在手上不会感觉到沉，但将一团棉球放在一张薄薄的纸上，它却是沉甸甸的。联系这一生活经验，再让学生到台上演示，这样学生就能正确而生动地理解到，那雪球是堆积在承载力很小的树叶上的，所以会让人感到沉甸甸的。

四、抓住重点词句品味法

一篇篇课文都是由词和句子组成的，因此，抓住文中的重点词句教学是提高学生对语言文字感受力的有效途径。教师要善于引导学生对词句进行比较、揣摩、欣赏，不断提高其对语言感知的敏锐程度。如《荷花》一文中有一句“白荷花在这些大圆盆之间冒出来”，对于“冒”这个关键字，可引导学生用其他词来替换，如“长”“伸”等。用哪一个更好呢？在对这些词的讨论、比较中，学生体会到：因为荷叶多，“挨挨挤挤”的，所以荷花只能从中冒出来；“冒”不仅写出荷叶数量之多，还显示出荷花旺盛的、不可抗拒的生命力，给人一种生机勃勃的感受。又如《穷人》一课中写道：“哦，我们，我们总能熬过去的！”可先引导学生找出与“熬”字意思相近的字，如“捱”“挺”等，让学生更换后进行对比朗读，从而使学生体会到：这个“熬”字不但体现了渔夫为了抚养邻居的孩子，准备过更艰苦的日子，准备付出更多辛劳；也体现了渔夫与妻子桑娜同样有着一颗甘愿自己受苦也要帮助他人的高尚的心。通过这样抓住文中的重点词句，学生品味出了精妙词语的个性特征，咀嚼出了它们的神韵。

在课文中，作者经过反复推敲、仔细琢磨才使用的词句还有很多，教师可以有针对性地采用换、补、调、丢等方式，引导学生在比较中细细体味，从而在心灵上与作者产生强烈的共鸣，促使他们的语感不断增强。

第四辑

写作教学探索

引论

《义务教育语文课程标准（2022 年版）》指出：“能借助不同媒介表达自己的见闻和感受，学习发现美、表现美和创造美，形成健康的审美情趣。”作文教学是语文教学的重点，然而学生普遍表现出“谈文色变”，不少小学生怕作文，厌作文，感到作文难写，写起作文来总是愁眉苦脸、绞尽脑汁，觉得无话可说，无内容可写，每次作文总是拼拼凑凑地写上那么几段，作文思路狭窄，内容空洞，言之无物。面对这样的情况，教师应如何调动学生的积极性，培养他们写作文的兴趣，提高他们的写作水平呢？在这一部分，笔者通过对作文教学的不断探索和尝试，梳理个人的些许体会。

作文教学方法初探

生活是五彩缤纷的，同样，每个人对生活的认识和理解也会因人而异。“一千个读者心中有一千个哈姆雷特。”那么，在作文教学中一千个学生为什么不能给我们呈现一千种生活呢？原因有很多，其中一个重要原因是教师走入了应试教育的误区，扭曲了学生对生活的正确认识，让本应该丰富多彩的、充满灵气的作文变成僵硬的、呆板的，充满着空话、套话的应试之作。本文试从“写出真实的、独特的感受，才是真正的作文”入手，提出在作文教学中培养学生说真话、诉真情的几种教学方法。笔者认为，写出真实的生活，写出独特的感受，作文才有生命力。

引言

在批改作文的过程中，笔者发现一个很不乐观的现象：许多中上等水平的学生作文所呈现出的状态是，内容上没有离题但毫无特色，结构上采用绝对的开头、主体、结尾“三段论”的套用格式，语言上多是平淡无奇的口头用语，有时候甚至通篇也找不到一个让人眼前一亮的成语。在写周记的过程中学生很痛苦，在批改周记的过程中笔者也很难受。在痛苦的情绪下挤出的作品是断然不能给人带来美的享受的。如何引导学生写，引导学生快乐地写，写出他们自己的个性，是作文教学中的一道难题。笔者认为，写，是每个人都能够做到的事情，写出自己的特点、表述自己的思维也并不难。其实文章本身就是一种语言的艺术，不能千人一面，只要能写出真实的生活，写出独特的感受并能贴切地表达自己的情感，就是一篇有特色的好文章。

学生写作文就是练习把自己看到的、听到的、想到的内容或亲身经历的事情，用恰当的语言文字表达出来。但学生往往容易忽略身边的事情，不善于挖掘身边的题材。这就需要教师加以恰当的引导，引导他们在写作时做到说真话、诉真情，并能通过作文正确地表达自己的观点，表现出自己的内心世界。

一、教师要引导学生学会观察

叶圣陶先生说："生活就如泉源，文章犹如溪水，泉源丰盈而不枯竭，溪水自然活泼泼地流个不歇。"① 这告诉我们"生活是作文之本"。学生在写作中往往会遇到"无米下锅"的问题。学生的生活范围是有限的，这种有限的生活范围又很容易造成学生感觉上的迟钝和麻木。为了让学生能有一双慧眼和一颗慧心，让他们能从平常人、平常事中感悟到不平常，从司空见惯的人和物中，找出使自己心动的东西来，教师就要对学生做一些正确的引导，让学生养成良好的观察生活、思考生活的习惯。引导学生学会真实地写作，首先要培养学生做生活的有心人，学会观察、留心观察，从生活的点点滴滴中汲取营养。

培养学生的观察能力，首先要培养良好的观察习惯。叶圣陶说过："阅读和写作都是人生的一种行为，凡是行为必须养成了习惯才行。"怎样使学生不错过宝贵的生活画面，及时捕捉观察的对象呢？教师一要多引导，二要多提醒。比如要写周围熟悉的人，首先要选定目标，注意观察。这个人在外貌上有什么特征？在行为习惯上有什么特征？有没有与别人特别不一样的地方？什么地方最引人注意？对于类似的问题，教师要经常提醒。尤其要在恰当的时间和适当的场所，让学生变观察为识记，变识记为写作。例如，在一次作文教学中，为了让学生学会利用课文里的说明方法去写家乡的景点，笔者便带学生去"象山园"零距离地观察，引导他们有顺序、有重点地观察，有些相关的数据还可以根据文字说明去参考利用。让学生互相讨论，互相评说，回家后写出自己观察的结果。出乎笔者的意料，学生不但写出了自己看到的和知道的，还翻阅了县志，查找了相关资料，写

① 叶圣陶著；中国教育科学研究院编：《叶圣陶语文教育论集》，教育科学出版社，2021 年，第 225 页。

出了独具一格的县城一景——象山园。有很多观察体会和灵感往往是转瞬即逝的，一不留神就会溜走。因此，教师还可以引导学生每天写一篇观察日记，写自己的新发现，写生活中的事物，写脑中偶尔蹦出来的灵感。教师要注意引导，使那些没有观察意识、对眼前事物熟视无睹的学生，慢慢培养起观察兴趣，逐步养成观察的习惯。

语文教师不仅要教给学生知识，更要做点石成金的手指。为了提高学生的写作水平，笔者精心设计了一个笔记本，取名为“心灵驿站”。笔者带头用一两句话写出每天的收获，或是每天看到的、想到的、最想说的……在笔者的带动下，孩子们坚持不懈，记下了五彩缤纷的生活，展示出了他们的才华。

二、教师要带领学生走出课堂、多接触社会

“作文来源于生活”，因此，教师还要引导学生走出课堂，尝试着跳出当堂完成或今天布置、明天完成的传统格局，让学生跨出教室，跨出校园，跨入社会，在充分接触各种人和事的过程中进行有感而发的写作，这样做更能发挥写作的功能：真实地反映现实生活。

在作文教学中教师不应只局限于课堂教学，要鼓励学生走出课堂，多角度地看待身边的一切事物，学会真实地表达自己的思想、情感、人生观和价值观。让学生爱上写作文，教学生学会写作文，这样的写作会比仅仅在课堂里完成一篇作文更有意义。笔者原来所在的学校是一所镇级学校，每隔三天镇上便逢集市。利用这个机会，笔者组织学生接触集市上的小商小贩，留意他们不同的叫卖方式，尝试着买他们的东西，和他们讨价还价，观察他们的神态、动作和语言。切入实际，了解不同商品的价格，了解市场动态，让学生从根本上认识到：不掌握科学文化知识，不懂得科学种植，是很难用卖菜、卖日用品这种方式改变家乡贫穷面貌的。笔者要求学生通过细心观察，认真思考，结合自己的经历，写一篇作文，题目是《市场一角》。由于做到了观察与体验，因此，学生们的写作便成了一种乐趣，一种发现，一种心灵的宣泄。

三、教师要引导学生学会倾吐

书读多了，生活积累丰厚了，就会引起倾诉、表达的欲望，于是就开始写作了。学生有许多美丽的幻想。教师不应用成人的眼光来看待，而应鼓励他们写出来。语文课就要解放人，解放人的心灵和才智，让学生们的想象力、表现力和创造力都尽情地释放出来。

只有敢说真话，才能写出好文章。例如，开设心理疏导作文课对引导学生敢于说真话、诉真情是有很大帮助的。如《我生气了，怎么办?》《我有烦心事，怎么办?》。笔者通过列举自己或身边人碰到不顺心的事情无法解决而自寻烦恼的实例，引导学生把自己为什么要生气、为什么会烦心，以及生气时的表现、烦心时的表现都说出来。通过向全班同学倾诉，再加上有了教师的积极引导，学生更容易想出一个合理的解决办法。有了这样的引导，学生会有一种情溢心间、不吐不快的感觉。此时，教师就要抓住时机，让学生趁此宣泄自己的感情，表露心声，并让学生把这种感受写出来。

学生们的童年是梦的季节，这时候往往会有许多不切实际的想法。当学生愿意把这些心里话都说出来时，不论学生的想法多么天真，学生的行为多么幼稚，只要是真实的，教师都应该加以表扬。因为，高尚的、美的情感都出自真实的感受。这种真实的感受成为写作的第一手资料，不仅丰富了学生的内心体验，还提高了学生的认识水平，有利于学生把自己的想象力和创造力都尽情释放出来。

四、教师要在作文命题上有所创新

作文命题有时与学生的积累不一致，与学生的兴趣不一致，与学生的思路不一致，与学生的生活不一致。这样，学生的信息被深锁在大脑里，写作文时就会无从下手。为此，教师可以让学生参与命题，给学生写作的自主权，让他们写自己想写的东西，这样写出来的作文才有真实性。作文命题的重点不在于“大”与“小”，而在于能否给学生发挥“真情实感”的空间，能否给学生提供“我手写我口”“我口说我情”的题目。

1. 规范命题的范围

对于规范命题范围这个问题，叶圣陶先生早有理论，他曾说：“凡是贤明的国文教师，他出的题目应当不超出学生的经验范围，他应当站在学生的立脚点上替学生设想，什么材料是学生经验范围内的，是学生所能写的、所要写的，经过选择才定下题目来。……我知道现在的国文教师贤明的很多，他们根据实际的经验和平时的研究，断不肯出一些离奇的题目，离开学生的经验十万八千里，教学生搔头摸耳，叹息说没有意思，没有材料的。”① 因此，作文命题应贴近学生，贴近生活，方式要灵活多样，表达要新颖生动，最好在学生下笔前，教师先“下水”试试，以便知深知浅，知难知易，使得作文命题更加贴近生活，让学生有话可说，有情可诉。

2. 先创设情境，然后命题

情境教学在作文教学中是必不可少的。在一次作文观摩教学中，笔者先拿出一个盘子，里面放了 48 张写有“留”字或“走”字的纸条，然后告诉学生：“我班有 48 名学生，二班只有 42 名学生，经学校会议决定，我班必须拨出 3 名学生到二班。我知道同学们之间已经互相了解，成为好朋友，不想分开；同时作为和你们共同生活了几年的老师，此时此刻非常舍不得你们。但是我也没有办法，这是学校的决定，谁也改变不了。”稍作停顿，笔者问：“谁愿意去?”学生们都把头埋得很低。见此情景，笔者忙说：“老师也决定不下，那么我们就用抓阄的方法决定，这里有 45 张纸条写着‘留’字，3 张纸条写着‘走’字，轮流抓，谁抓到‘走’字就走。”最终，有 3 名学生看到了他们谁也不想看到的“走”字。这时，笔者对留下的学生说：“这 3 名同学要走了，明天，你们会坐在两间不同的教室里读书上课，大家有什么想对他们说吗?”没等笔者说完，好多学生你争我抢，唯恐自己说不上，有好多学生当堂流泪，甚至有一名学生哽咽着说不下去，当时笔者也已泪流满面。我们仿佛真的要分开了，笔者已经忘记了是在上作文课。定了定神，在这种低沉的气氛中，笔者又告诉他们：“同学们，这是

① 叶圣陶著；中国教育科学研究院编：《叶圣陶语文教育论集》，教育科学出版社，2021 年，第 299 页。

我们今天的作文课，现在以《抓阄》为题写一篇作文。”再次出乎笔者的意料，学生们写得特别好，几乎没有一篇作文雷同，笔者站在讲台上欣慰地笑了。

3. 让学生自由命题

在写作中也不妨试试“新概念作文”。“新概念作文大赛”是由北京大学等7所重点大学与《萌芽》杂志社联合发起举办的作文大赛，它倡导与程式化的语文教育不同的“新思维、新表达和真体验”，它对体裁、题材、风格都不做要求，凡是自己有兴趣的，感触比较深的，能充分发挥创造性和想象力展示才华的都可以写，尤其鼓励学生用自己的语言来写自己想说的话，自己命题，写出真实的感受。

综上所述，作文教学中教师要注意培养学生的写作兴趣，激发学生爱写作的情感。生活是真实的，作文也应当是真实的。叶圣陶先生说过：“假若有所表白，这当是有关人间事情的，则必须合于事理的真际，切乎生活的实况；假若有所感兴，就当是不倾吐不舒快的，则必须本于内心的郁积，发乎情性的自然。”① 这就告诉我们，只有摒除虚假浮夸，才能写出真实之文。所以，教师在指导学生写作时，要尽可能地给学生提供“说真话，诉真情”的条件，强调是什么写什么，想什么说什么，不虚假、不矫饰。变“要我说”为“我要说”，鼓励学生发表自己的意见，生生互动，师生互动。因此，教师要充分发挥学生的能动性，让学生充分表达自己的见解，这样会收到意想不到的效果。教师在进行作文教学时要采取各种行之有效的方法，引导学生从“要我作文”转变成“我要作文”，在以表达自己真实思想和心理情感为中心的写作中提高写作能力和思维水平。

---

① 叶圣陶著；中国教育科学研究院编：《叶圣陶语文教育论集》，教育科学出版社，2021年，第260页。

浅谈作文教学中学生创新思维的培养

面对21世纪人才的培养，应着重在创新精神和实践能力上下功夫。以此反思小学作文教学，我们必须以新的教学观念，探索作文教学新方法、新思路，特别是必须加强小学作文教学中学生创新思维的培养。小学作文教学过程中创新思维的培养，要依赖于“语文课本提供的素材”和“学生实际生活的感受”，让学生从这些“事实”中寻求新的关系，找出新答案，这里有一个思维过程，其中蕴含着创新思维过程。如何在小学作文教学中培养学生的创新思维能力呢？根据教学实践，笔者认为要做好以下三方面。

一、打破思维定式，培养学生作文创新意识

思维定式是学生创造性解决问题的最大障碍，它是一种固定不变的思维方式，限制学生大脑思维的活跃性。创新思维是一种主动的、富有创造性的思维方式，它往往突破习惯性思维的束缚，在解决问题时产生富有创意的观点。长期以来，我们的作文教学运用的是“套公式”命题这种固定的思维方式，让学生按既定的角度去思考，去作文，不敢创新，不敢越雷池一步，这种情况必须要改变。为了引导学生写作文打破思维定式，使思维沿着不同方向、不同角度扩散，培养学生写作文的创新意识，在作文命题上笔者做了多种尝试。众所周知，写作文是一种精神劳动，思维是作文的催化剂，选材、立意、布局、谋篇都离不开学生主动、积极的思维。因此，作文命题中，笔者注重落实学生的主体地位，调动学生思维的主动性，激发他们写作的热情，命题从形式到内容都力求新颖、有趣，如《我们班的新鲜事》《我当上了小老师》《书包减“肥”了》《假如我是校长》《异想天开》《我的梦》《我是小小设计师》等题目。这些题目来自学生“生活近

区”，学生自然感兴趣，也乐于写。笔者还经常让学生参与到命题作文中来，如出一组有内在联系的题，让学生自由选择，或请学生依作文要求，自拟题目，将作文命题补充完整再写。学生突破常规思维束缚，自由、快乐地写作，作文中独特的创新见解也跃然纸上。

除了作文命题，作文形式也应力求多样化。片段作文、作文填空、连词口头作文、想象作文、音响作文等多种形式的作文，使学生的写作过程如同做游戏，兴趣盎然。心理学认为，当一个学生对某种学习产生兴趣时，他总是积极主动，而且心情愉快地去学习，不觉得学习是一种沉重的负担。心理学还认为，有兴趣的学习能使学生全神贯注、积极思考，有时甚至会达到废寝忘食的境地。

二、加强思维方式训练，培养学生作文创新能力

学生写作文的过程是对学生形象思维和抽象思维的综合训练过程。叶圣陶先生曾指出：“心有所思，情有所感，而后有所撰作。”① 可见“思”是作文的最初阶段。儿童作文是儿童思维的产物，也是作文能力表现的前提。

教给学生思维方法。训练小学生思维，需要教师的引导。在引导过程中，要让学生探索以小见大、由此及彼、由表及里、由浅入深的思维方式。为加强思维方法的训练，可以结合课文、范文和学生生活实例，让学生触景生情，联想思考。如果教师能长期注重学生的思维训练，学生的认识水平会明显提高，并学会运用逆向思维、多向思维、外向思维等多种思维方法写作文，写出的作文才能别出心裁、令人耳目一新。如《我与凡卡比童年》《“三国”卡热潮》等作文，既充满童趣，又散发出理性思维的光芒。

利用活动训练学生的思维能力和写作能力。作文教学应当把训练学生的创新思维放在首位。训练学生的创新思维，可以渗透到活动中去。例如，在让学生学习写音乐欣赏作文时，笔者先利用学生在音乐课上学到的节奏、旋律等知识，播放一段音乐让学生欣赏和分析，体味乐曲的情感和意境，产生共鸣，再让学生利用形象思维，在头脑中创造出符合这首曲子主题的

① 叶圣陶著；刘国正主编：《叶圣陶教育文集 3》，人民教育出版社，1994 年，第 287 页。

连续画面，最后引导学生用生动形象的语言表达出来。在课堂上，笔者经常让学生互相阅读交流，启发思考，重新修改完善，使各自的作文锦上添花。学生奇异的设计既显“幼稚”，又蕴含着“合理”，因为这是他们自己“写”出来的作文，迸发出创新思维的火花。

三、加强写作指导，培养学生创新人格

学生写作文的过程，既是思维能力锻炼的过程，更是人格培养的过程，因为写的是自己的生活，写的是真情实感，自然可以流露其心理、情感活动。美国教育学家杜威提倡：“教育就是生活。”① 意思是教育不能脱离生活。学生写作的过程是观察、记忆、想象、逻辑、整合等能力的集中表现。所以，教师应指导学生扎根在社会生活这个“大自然教室”，让学生运用自己的生活体验，理解所学知识，将所学知识加以实际应用，写出自己的生活感受。教师要有意识地利用现实生活中丰富的教育资源（书报、广播电视、多媒体课件等相关资料），开阔学生视野，拓宽学生思路，指导学生写作。只有这样，才有助于培养学生足够的信心，让学生在民主的、宽松的学习环境中，培养愉悦的心态、执着的精神和坚强的毅力。这是现代作文教学所反映的另一种潜能的效应，即学生创新人格的自然培养。

总之，只要教师在语文教学中有培养学生创新素质的意识，采取切实可行的方法，学生的创新思维一定能激活，创新能力一定能提高，创新人格一定能得到发展。

① 杜威：《学校与社会：明日之学校》，赵祥麟、任钟印、吴志宏译，人民教育出版社，1994年，第5页。

作文教学之我见

作文是学生认识水平和语言文字表达能力的综合体现。作文教学在整个小学语文教学中具有十分重要的地位。因此，笔者十分重视对学生写作能力的培养。为了使学生乐于写作，具体可从以下几个方面做出努力。

一、听话能力的培养

听是说的基础。一年级学生刚入学时，笔者经常讲故事给他们听，包括世界童话故事、寓言故事、成语故事等，这样不但能让他们听到精彩的情节，还能让他们欣赏到绝妙的语言。听课文录音，让他们听到流畅的语言，体会丰富的感情。笔者会指导他们认真听《红领巾广播站》等广播内容，培养他们专心听、仔细想的习惯。笔者还常常把语文课上成故事课，以吸引学生的注意力。如上《狐狸和乌鸦》这一课时，笔者就设计了这样的开场白："小朋友，老师今天又给你们带来一个非常有趣的故事。从前在一片树林里，有棵大树，树上住着乌鸦，树下的洞里住着狐狸。它们虽然是邻居，但关系并不融洽，因为狐狸常常骗乌鸦。有一次……"讲着讲着，学生的注意力就被吸引过来了，故事刺激了学生的听觉，从而提高了学生的听话能力。

二、说话能力的培养

教师应培养学生大胆说话的能力，重视学生思维能力的训练，思维能力增强了，内部言语的水平会相应提高，组织语言的能力也就提高了。首先，让学生从学会普通话开始，初步学会用完整的语句回答问题，看图说简单的事；然后，让学生练习说一段意思完整连贯的话及复述指定的课文。

学会礼貌用语，说说见闻，这些练习都有助于锻炼写作文的基本功。为了让全部学生都有机会过关，笔者采用“金字塔形”的练习方法，使每个学生都有机会说话。在学校读书月活动中开展的讲故事比赛，要求每个学生准备一个故事，先在班级里讲，再挑选表现比较突出的学生去参加学校组织的讲故事比赛，让每个学生都有机会体验成功的喜悦。

三、读书能力的培养

古人云：“读书百遍，而义自见。”① 朗读能把语言中包含的音、意、情淋漓尽致地表现出来，产生强烈的感染力。读是写的基础。诵读、阅读各种书籍，有助于扩大学生的知识面，丰富学生的语言。笔者所带班级设立了小小图书角，从一年级开始，用同学们捐的压岁钱，为班级增添书籍。三年来班级的书已积了一大堆，学生看书很方便。书的类型也很多，有《科学幻想篇》《成语故事》《童话故事》《十万个为什么》《名人故事》《寓言故事》等。每学期，笔者所带的班级都要进行诗歌朗诵比赛。上课时，笔者也常常以示范读引路，精读精彩片段。现在，很多学生已养成阅读报刊和各种课外书的习惯。在不远的将来，他们一定会体会到：书的海洋，魅力无比。

四、写作能力的培养

听是说的基础，读是写的基础。听、说、读、写应协调发展。如果培养好学生的听话能力、说话能力，那么学生的写作能力也能大大提高。笔者也鼓励学生多去参加各类活动，让学生了解世界的精彩。从一年级第二学期开始，笔者就训练学生写日记。允许他们用拼音代替不会写的字，也告诉他们可请教别人。起先，笔者也允许他们想到什么就写什么，逐渐地培养他们写一件事，然后培养他们写一件有意义的事，再然后引导他们写作时会想到些什么，逐渐培养他们把事件写具体的能力。到现在，学生已经上三年级了，还坚持写周记。从学生二年级开始，笔者把语文课中的看图说话提高到看图写话，让学生在说的基础上，发挥自己的想象力，把看

---

① 程志强等编：《中华成语大词典》，中国大百科全书出版社，2003 年，第 107 页。

到的图画，通过自己的内心世界表现出来。从三年级开始，学生除完成每单元大纲的写作要求外，常常补充仿写课文段落的训练，如按事情发展顺序、按时间顺序、按先总述后分述顺序、按并列段式等，有时还给他们补充想象作文的训练，如《假如我有一朵七色花》《假如我是老师》《假如我长大了》等，给学生以想象空间。每次作文训练前，笔者首先指导学生说，然后再让学生习作，使学生有内容写，以提高写作兴趣，每次是在自然而然地写作，没有给学生压力，学生就能快乐作文。

五、修改能力的培养

学生自己会修改作文是作文成功的一半。以前是学生写作文，教师修改作文，修改作文是教师的事，这样不利于学生作文能力的提高。通过学生的自改和互改，促进学生相互了解和合作，取长补短，共同提高写作水平。每次作文写完后，教师可以鼓励学生来做“小老师”，先修改自己的作文，然后批改同学们的作文，前后左右的同学都可以相互批改，而且在批改同学的作文时，容易找出对方的不足之处，使作文写得更加通顺。

六、评价学生的作文

评价作文是对学生作文的再次提高。首先是当场评价。投影学生的典型习作或比较成功的习作，让学生来评价，学生发表各种意见，教师给予肯定和鼓励。其次是书面评价。对学生的作文，教师要细细品析，找出闪光点，对基础较好的学生提出更高的要求。教师可以从不同的角度去评价学生作文，可按层次不同给予分数，也可按照进步程度打分。让每个学生都有自己独立的分数，都有自己成功的一面。最后是口头评价。教师可以对作文能力较差的学生进行个别辅导，使这些学生感受到老师对他们的关心，更加有信心地写作，以更快的速度提高作文能力。

教师要从一年级开始加强对学生作文的指导与训练，让学生从听、说、读中，掌握丰富多彩的语文知识，促进作文能力的提高。只有在各种活动中培养学生的写作兴趣，使学生乐于写作，才能提高学生的写作水平。因为写作也是一个创作的过程。

生活情境下的小学语文作文教学

作文教学是小学语文教学的重要内容之一，小学语文作文教学不仅要教给孩子基础性的字词和句式，更要培养孩子们的语文素养，让他们真正有感而发，运用恰当的文字写出内心的感受，教师在整个教学过程中要给予引导和鼓励。在日常教学中笔者主要从以下几个大的方面入手。

一、紧密联系生活，培养学生的观察能力

观察力是学生写作能力中十分重要的一个组成部分，很多学生认为写作文难，不知道写什么素材，正是因为缺乏较好的观察能力。那么，教师在小学语文作文教学中，就应当针对小学生的心理特征，紧密联系生活以培养其观察能力。教师首先可以对学生进行一定的启发，引导学生去思考生活中的一些人物和事情。例如，一位教师引导学生围绕着“节日”来进行观察和思考，而关于“节日”的素材可能是各种各样的，每个学生所观察到的素材都有所不同，这就需要教师引导学生在生活中进行有意识的观察。同样是培养学生的观察力，对于人物的观察和对于事件的观察也有着很大的区别。例如对人物的观察可能首先就是人物的外貌，然后是其性格、人物关系、行为语言等。对于事件的观察则首先是事件的整体经过，包括时间、地点、经过、缘由、结果等。教师引导学生去观察生活中的人物和事件，也应当针对不同观察内容的特点进行更有针对性的引导。

二、阅读与写作结合，开展写作技巧教学

很多小学生并没有掌握足够的写作技巧，在作文写作过程中也有着表达错误或者表达技巧匮乏的问题。为了培养学生的写作技巧，教师应当将

阅读教学同作文教学结合起来。在阅读过程中，所涉及的写作技巧可能有很多，教师需要对这些写作技巧进行总结，穿插作文教学的相关内容，让学生掌握更多的写作技巧。例如，在以人物描写为主题写作《我的妈妈》作文教学过程中，为了锻炼学生的写作技巧，教师可以在班级中朗诵几篇范文，在涉及写作技巧的部分时进行停顿，让学生自行思考该语句所使用的表达技巧。如果学生没有回答上来或者没有回答完整，教师可以进行提示。通过提示，引导学生进行相应的思考。最后由教师进行总结。通过这种训练，学生可以更好地学习和掌握写作技巧。另一方面，教师还可以定期在班级内组织写作比赛，选出几篇比较好的作文进行奖励，然后在班级内朗读优秀作文，在朗读的过程中配合写作技巧讲评，同样能够达到培养学生写作技巧的目的。例如在《记一件难忘的事》的作文教学过程中，教师首先在班级中选择优秀的学生作品，然后进行朗读和讲评，如：“同学们，该同学在记述这件事的过程中运用倒叙的写作方法，那么谁能告诉我，在这里使用这种写作方法到底好不好呢?”在这种讲评和讨论中，让更多的学生参与进来，从而更好地培养学生的写作技巧。

三、灵活运用教学方法，培养学生的写作兴趣

兴趣是人类最好的老师。对于小学语文作文教学来说同样如此。对于教师来说，在小学语文作文教学中，应当注重对学生写作兴趣的培养，这也是提高学生作文写作能力的根本途径。通过教学方法创新，灵活运用各种教学方法，并且在教学组织形式等方面进行相应的创新，能够有效地培养学生的写作兴趣。例如，教师可以针对小学生的心理特征在写作教学中运用情境教学法，这种教学方法也较适用于小学语文作文教学。教师可以组织学生进行一段情境的模拟，分别由不同的学生扮演相应的角色，以角色扮演的形式进行情境再现。由各个小组分别进行角色扮演，然后由教师讲评。在角色扮演过程中，教师应当注重对学生的引导，让学生不仅参与到角色扮演过程中，而且加强对情节和人物的观察，把观察所得作为写作的素材。为了培养学生的创造性思维，教师不应当对学生角色扮演的情节和观点进行固化，而应在一定范围内允许学生进行自我创新和改造，让学

生可以从多个角度演绎角色及情节，从而获得多个层面的总结和发现。这样一来，教师也可以相应地从多个角度对情景模拟情况进行总结，进而引导学生从写作的角度进行观察和思考。例如在模拟“拾金不昧”这一主题的情节时，教师可以引导学生从多个角度来模拟情节，以便学生在作文写作过程中有更多的素材。

四、创设情境，将生活趣味引入其中

小学作文离不开学生丰富多彩的经历留在他们心中的印象。但是现在大多数学生忙于上学，并没有太多的时间去见一见大千世界，因此，教师需要在作文课堂中创设一定的生活情境、一定的生活假设，让学生在课堂中用心去体会生活中的点滴，去想象大自然的多彩风光。多接触大自然可以让孩子们有更加宽广的视野，让作文充满生机和活力。教师可以在课堂上给学生创设情境，让学生有不同角色、不同设想与担当，让学生在写作中饱含热情，享受快乐。“兴趣是最好的老师”，教师应当为学生写作提供有生活趣味的情境，在这种氛围中激发学生写作的灵感，让学生像是能切身感觉或者想象到真实场景一样。例如，在写“秋天的景象”这样的作文时，如果所处季节恰好是秋天，教师就可以让学生在放学后或放假时，四处走走，感受一下秋天与夏天、冬天有什么不一样。如果所处的季节不是秋天，教师就要给学生创设一个相对美好的意境，如“秋风，她像一位少女，穿着一身金黄，迈着轻盈的脚步，悄悄来到人间”“一片片树叶从枝头飘落，一群群大雁排着人字形队伍往南飞，一块块成熟的高粱地好似天际飘来的晚霞，一朵朵金黄的秋菊在秋天里开得更加灿烂”。在教师这样美好情境的阐述中，学生可以感受到生活是充满乐趣与美好的，世界上并不缺少美，而是缺少发现美的眼睛。由此，教师可以让学生在平时的生活中多多注意观察，发现生活中的乐趣与美好，这样对提高学生的写作水平有很大的帮助。

五、创设情境，将生活情感引入其中

将生活中的情感融入学生的写作，这对小学语文作文质量的提升有很大的帮助。这种情感的融入对于小学生来讲有一定难度，他们虽然感受过亲情、友情等情感，但可能没有意识到或者根本不知道如何将这种情感用文字表达出来。如唐代诗人王之涣在《凉州词》中，描写了塞外壮阔却苍凉的景色，抒发出了守卫边疆的将士们悲壮凄凉的情感，从描写塞外环境的险恶过渡到描写将士们生活环境的艰苦。而羌笛的吹奏给人们带来一种离愁别绪，在当时所处的情境下，这种寄去思念的情感却凝滞了，让人更加悲伤。教师带着学生鉴赏完这首诗后，让学生设想身处其境的艰难选择与思想斗争，让这种情感能够感染到学生的内心深处。诗是古代诗人抒发情感最为简洁明了却蕴含深意的表达方式，学生可以在学习中注意总结诗所表达的情感，在语文作文的写作中，在抒发情感时可以用恰到好处的诗句来表达，这样既简练直接，又能让作文有质的提升。

六、创设情境，将生活哲理引入其中

在小学语文的学习中，我们不仅学会了很多的字词句等基础知识，还可以在课文阅读中学习到美好的词汇和语句。当然，语文学习其实有很大一部分是情感表达的学习，是人生哲理的学习。如果能将哲理运用在作文之中，必将使文章提色不少，并变得深刻有内涵。例如，在巴金的文章《给家乡孩子的信》（曾收入苏教版和北师大版语文教科书）中，巴金说过这样一段话："我们每个人都有更多的爱、更多的同情、更多的精力、更多的时间，比用来维持我们个人的生存所需要的多得多……只有为别人花费它们，我们的生命才会开花。一心为自己，一生为自己的人什么也得不到。"① 这句话蕴含着多么深的人生感悟呀！它会让学生领悟到，若凡事只想着自己，可能暂时会得到一些，但是长久看来却是失去的多一些，要想得到别人的关爱和帮助，就要主动奉献自己的能量，在他人需要帮助时伸出援助之手，这样不仅是为了以后能得到他人的帮助，更重要的是能培养一种大爱。在学过巴金这样有哲理的话之后，可以记住这句话，不仅可以

① 原文是巴金《我仍在思考，仍在探索，仍在追求》，收入郑法清、谢大光主编《中外散文选萃》（第 3 辑），百花文艺出版社，1991 年，第 1 页。原信落款为"九一年二月十四日"，页下附"《十月》编者附记：这篇短文是巴老为李存光选编的《巴金谈人生》一书所写的前言，现在这个题目是编者加的，摘自文章末段首句"。

作为人生信条，还可以在作文写作中加以运用。在小学语文课文中还有很多富有哲理的文章，值得学生理解思考。《刻舟求剑》这篇文章就告诉学生要从实际出发，万不可死板教条、一意孤行。在《青海高原一株柳》中，学生可以体会青海高原上一株柳树强大的生命力，学习坚忍不拔与艰难环境做斗争的人生哲理。这些都是学生可以从中学到并运用到作文之中的。在小学语文作文的教学中，教师要带领学生在生活中认识知识、哲理的重要性，引导学生在生活中体验出更多的真情实感，学会利用自己的亲身体会去感受大千世界。教师只有让学生在生活中感知写作的乐趣，体会写作表达的情感，认识哲理源于生活又高于生活的道理，才能让作文课散发魅力。

总之，在小学语文作文教学中，教师应当打破传统的教学思维定式，注重对学生写作兴趣和写作能力的培养，紧密联系生活，培养学生的观察力，丰富学生的写作素材，加强阅读教学与写作教学的结合，让学生掌握更多的写作技巧。同时，教师还应当积极进行教学方法创新，灵活运用各种教学方法，如情境教学等，以此来激发学生的写作兴趣，促使学生更加积极、主动地进行写作练习，这对于提高学生的写作能力、提高小学语文作文教学质量都有着重要的作用。

提高小学语文作文教学的方法与技巧

作文教学作为小学语文教学的重要组成部分，是对孩子们认字识字、组词造句、理论构思、写作逻辑等方面的综合训练，它最能集中反映出孩子们的语文素养。可以毫不夸张地说，语文写作水平的高低，将直接影响到整个小学阶段的语文教学。下面，笔者就小学语文作文教学中一些看法和做法做简要浅析。

一、立足生活点滴，培养写作兴趣

“兴趣是最好的老师”，这一点在小学语文写作中得到了很好的诠释。对于小学生而言，写作是语文中最不容易得分的部分，它集中体现了小学生的思维逻辑、想象力及教师的教学理念。教师要想提高学生的写作水平，就务必从学生的写作兴趣培养开始，只有在知道写作是什么、写作源于什么、写作有什么意义之后，学生才会逐渐地对写作产生兴趣。因此，教师的重要任务就是要让学生理解写作。教师要解释写作就是让学生有意识地用语言文字记录各方面的东西，而写作又恰恰源于平时生活中的点滴，在生活中遇见的、发生的都可能成为学生笔下记录生活的启发点。学生学习写作对于他们有什么意义呢？一方面，写作是当代学生应试中必不可少的环节之一；另一方面，对于学生本身而言，平时的写作如日记之类的积累，都是锻炼写作的方法，这些可以帮助学生记录自己的生活和成长，对于学生文学水平的提高和素质的培养都有极大的好处。以四年级学生课后练习的作文“身边的快乐”为例，这样的作文题目就要求学生写出真情实感。这时，教师可以组织同学们进行讨论、回忆，让学生回忆有没有和小伙伴一起玩耍的快乐，有没有认识新朋友的快乐，有没有帮助父母受到父母表扬的快乐，有没有帮助陌生人的快乐，等等。让学生展开讨论，共同分享这种快乐。教师应引导学生在作文中多使用比喻、拟人、排比等修辞方法，来给作文增色。例如，教师可以给学生一个范例，要用排比的话可以使用“带给……什么样的快乐，也是带给我们自己快乐”这样的句式，这样不仅可以增强表达感情的语气，让学生觉得这样的表达是有趣的，而且对学生写作水平的提高也有很大的帮助。

二、引导学生学会观察，抓住人物特点

在作文指导课上，笔者根据学生都喜欢《西游记》这一实际情况，提出了一个问题：《西游记》大家都看过吧？其中有一集记叙的是悟空三打白骨精，你们都记得吗？问到这里时，学生们都异口同声地回答“记得”，而且情绪马上高涨，他们不知道老师将要做什么，但是与《西游记》有关的，他们便是喜欢的。接着笔者又提问：“孙悟空、猪八戒、沙僧、唐僧都给你留下了什么印象？”学生纷纷发表自己的见解：唐僧善良，沙僧老实憨厚，孙悟空果敢无畏，猪八戒贪吃好色。笔者接着问：“你们是怎么感觉到的？从哪里感觉到的？”学生纷纷举例。然后笔者总结：在写文章的时候，记叙人物一定要突出个性，抓住人物特有的方面进行重点描写，这样才能塑造出鲜明的人物形象。本来在生活中就有很多种人，他们或勤劳勇敢，或贪吃懒惰，或善良质朴，或骄横铺张……这些人物的特点如果能被我们用文字描写出来，那么具有一定特点的人物形象的塑造就不成问题了。怎样去塑造一个鲜活的富有个性的人物呢？教师要引导学生：每个人都有自己的特点，这个特点可以从人物的年龄、外貌、语言、动作、兴趣、个性、生活习惯等多方面去考虑。然后，引导学生在写作文时要有目的地去塑造某一个人物形象，围绕文章的中心思想去选材。写作时要多思考，动笔写作前不好好思考是不少小学生最容易犯的错误。一些学生一说写作文，马上动笔，但是写到一半发现跑题了。怎么办？重新写作。要避免这样的情况就要学会抓住写作的核心，确定好文章的中心点，然后围绕中心点进行选材。这样在写作的时候，就能很好地规避跑题的现象。观察、发现一个人的特点，比较他和别人的不同之处，思考一下通过哪件事更能体现人物的

特点，这些都是写作之前要做的准备工作。只有准备充分，才能写出有血有肉的好文章。小学生的作文一般没有太复杂的记叙，写人的作文一定要从人物的外貌入手，外貌是人物内心世界的窗口，而且外貌也是人与人之间区别的重要体现。要描写一个人物，一定要先认真观察他与别人的不同之处，然后抓住这些不同之处大做文章。抓住重点是人物塑造时的关键，写人物的外貌不能面面俱到，要在一处或者两处上做文章，这样才能保证作文的效果，否则会没有重点和特点，读者对人物的印象也就不深刻。写作应当完整记叙事件的发生和发展过程，使人物形象逐步完整。要把事情写具体，对起因、经过、结果都应该完整记录，这样塑造出来的人物形象才会更为鲜活、丰满，给人留下深刻的印象。

三、夯实学生的写作基础，教给学生写作技巧

夯实写作基础，就是要在写作之前注重语文基础知识的培养。写作必然要对熟悉的字、词、句加以应用，因此，这些字、词、句的写法、用法是否正确，就显得非常关键。在平时的教学中，教师要培养学生写字的习惯，让他们多写多练，对字词的写法、用法达到熟能生巧的地步。教师还要引导学生从平时的阅读文中收集好的词汇、语句，并在适当的话题写作中恰如其分地运用。这些都是教师可以教给学生的小技巧，在夯实学生语文基础知识的同时，对于写作也有非常大的帮助。例如，在写景类的作文中，学生在有一定的积累的情况下，就要十分注重对技巧的运用了，学生即便能对景物有特定的描写，但是如果对于景物不能由远及近或由近及远、再或者有特色地描述其中的一部分，造成顺序混乱，就会让读者不知其所云。针对这样的情况，教师就可以采用观察的方法引导学生进行正确的写作。再如，有一个写作题目是“湖水”，学生看到此题目时，可能无从下手，不知道该怎么写，这时教师可以引导学生从不同时间点观察到的湖水的状态入手，“清晨的湖水”“午后的湖水”“傍晚的湖水”，让学生心里有一个顺序可以帮助他们更好地完成对话题的写作。小学作文是语文学习的重要组成部分，教师的作文教学技巧对学生有着重要的影响。

四、运用模仿教学增强学生写作的成就感

在小学一二年级阶段，很多学生因为受识字量的限制，在阅读中更偏向于漫画等字少的书籍。看到满篇文字，很多小学生会心生胆怯，更别提去写作了。为了消除这种恐惧感，教师要让他们认识到写作就如说话一样，可以多采用模仿的方法。早期可以让学生们模仿造句，如很多词是有多个含义的，可以分别写出不同的句子，这种做法可以让学生们在小小的成就感中慢慢体会到汉语言文字的博大精深，拉近自身与语文的情感距离。接下来，教师可以鼓励学生们模仿写一些排比句或写一段话，在不知不觉间使他们的语言组织能力和写作能力获得提高。给课文写一段“后续”也是一种值得尝试的做法，学生们的想象力很丰富，而且因为他们都有着自己对世界的主观理解，写的“后续”往往会让教师为之惊叹。因此，教师不要吝惜对学生们的赞美，给他们肯定和鼓励就是对他们最大的奖赏。

五、创设情境教学环境，提高学生的写作兴趣

情境教学法是指在教学过程中教师有目的地引入或创设具有一定情绪色彩的、以形象为主体的生动具体的场景，以引起学生一定的态度体验，从而帮助学生理解教材，并使学生的心理机能得到发展的教学方法。情境教学法的核心在于激发学生的情感。情境教学是在对生活进行提炼和加工后才影响学生的。如生动形象的语言描绘、课内游戏、角色扮演、诗歌朗诵、绘画、体操、音乐欣赏、旅游观光等都是寓教学内容于具体形象的情境之中，其中也就必然存在潜移默化的作用。小学写作教学往往会从简单的记叙文开始，生活中每天都发生很多故事，如何将其记录下来呢？首先，需要选定故事的内容。教师可以发挥榜样带头作用，给学生们讲讲自己的故事，给他们一些启发，如以“记我第一次……”为题写一篇记叙文，先给学生讲讲那许许多多的第一次。教师可以先用生动形象的语言描述，用丰富的表情、恰到好处的肢体动作将学生们引领到教师所创设的故事情境当中去，再让学生们去回想并感受他们自己的第一次，继而把它写出来。美是无处不在的，生活中不是缺少美，而是缺少发现美的眼睛。语文教师

要拥有一双慧眼，发现美，传递美，做学生们的榜样。缺少对生活的发现和感悟很难写出富有真情实感的作文，缺少对生活的爱和热情也难以对写作产生兴趣和热情，教师应用心去感染学生。

六、多鼓励，多反馈，进一步激发学生的写作热情

不管是让学生造句、仿写段落，还是让学生写日记和小作文，及时给学生们恰当的反馈是不容忽视的一个环节。教师在翻阅学生定期交上来的日记时，就好像在面对面听学生讲，发自内心的沟通会激发教师心底的爱，会让教师的心变得柔软。教师要用心看学生的故事，用心给学生反馈。小学生作为写作的初学者，需要更多的鼓励。因此，教师要把看到的优点和感受写下来让学生看到，把不足之处也委婉地指出来，这样既促进了师生之间的交流，又使得学生在这个过程中对写作焕发出更大的热情。综上所述，教师在日常教学中应当注意帮助学生进行词汇的积累，通过丰富多彩的活动使学生在快乐的氛围中不知不觉积累词汇、提高对写作的兴趣。教师要用更多的陪伴与付出帮助学生爱上写作，乐于写作。

作文教学中学生写作素材重在积累

在小学语文作文教学的过程中，教师要注重培养学生的写作能力，引导学生在写作过程中不断地提升自己组织和驾驭语言的能力。很多小学生在写作文的时候，总感到为难，不知道写什么，脑子里空空的。积累素材就能轻松解决这个问题。因此，语文教师要引导学生从习作素材积累入手，引导学生积累写作材料和内容，指导学生在积累中尝试写作，丰富语言，提升写作能力。积累写作素材的方式方法很多，下面简单介绍两种。

一、在生活中积累

生活处处皆学问，作文教学亦是如此。在教学“生活中的见闻”时，笔者建议学生利用休息日陪母亲逛菜市场，了解生活中的新鲜事物，体会母亲“当家”的辛苦；建议学生周末走进图书馆，感受浓厚的阅读氛围；鼓励学生走进大自然，感受四季变化带给人们的美感。时代的发展、信息的扩展、知识的进化，要求人们不断主动地去适应更新的生存环境。学生可以多参加志愿者队伍、学做志愿者，关注社区活动，参加各种有益的爱心活动及慈善活动。现实生活中有许多精彩的展览，如美术、科技、汽车、丝绸、经贸、农产等大型会展，若有时间，学生可以在家长的带领之下去参观，这样可以开阔视野，为学写参观日记、游记收集素材。

只有亲身经历了，亲自感受了，所见所闻才会跃然纸上。多姿多彩的生活内容是学生写作的基础，只有让学生体验生活，学生才能乐于表达生活。

二、从文本中积累

“读书破万卷，下笔如有神。”在阅读教学中，我们常常会发现在课后练习题中出现了“背诵自己喜欢的自然段，摘抄好词、佳句”等类似的要求。其目的就是让学生在摘抄材料的过程中进行积累，而后转化为自己的素材。例如，在教学《索溪峪的“野”》一课时，教师可以抓住语句优美的段落，让学生在反复诵读的基础上抓住优美语句进行品析，体会到作者如此运用辞藻，赋予这秀丽山水鲜活的生命力，使无限情态尽现眼前的妙处。阅读欣赏，品词析句，更能使学生热爱祖国大好河山的情感得到升华。扩大阅读量是学生积累的重要途径。写作要与阅读密切配合，相辅相成。教师要引导学生进行广泛的课外阅读，并在阅读中分析词句，体会作者的情感，这些都是十分必要的。阅读是学生的个性化行为。因此，一线教师应鼓励学生自主地选择阅读材料，鼓励学生多读书，读好书，以此来增加自己的知识储备。

学好语文可以为学好其他学科打下坚实基础。小学语文作文写作能力是小学生语文综合素养的重要表现，对促进学生的全面发展有着巨大的推动作用。小学生在练习作文创作的过程中，可以不断增强文字功底和语言表达能力，提高对文字的独特领悟能力。这个过程既是对学生进行的字、词、句、篇的综合训练，也是对学生进行的心理活动的综合训练，有利于不断完善学生的人格，促进人与人之间的交流沟通，对学生的创造力和想象力的提升也有积极作用。

第五辑

创新素养培养

引论

“语文素养”是指“中小学生具有比较稳定的、最基本的、适应时代发展要求的听说读写能力以及在语文方面表现出来的文学、文章等学识修养和文风、情趣等人格修养”。语文学科素养加上“核心”后，除听说读写思五个方面的知识、能力之外，还要把文学审美、文化价值、思想价值等纳入其中。因此，语文课程不仅要培养学生的语文基本能力，而且要注重优秀文化对学生的熏染，让学生的情感、态度、价值观，以及道德修养、审美情趣得到提升，良好的个性和健全的人格得到培养。那么，作为基层的小学语文教师，我们该如何培养小学生的语文核心素养呢？

如何运用新课程标准
指导当前小学语文教学

从小学语文教学角度来说，《义务教育语文课程标准（2022 年版）》（以下简称《课程标准》）是小学语文教学的指南和依据，它更多的是立足于学生学的要求给教师提供一定的指导性建议，凸显人格本位的新教学观。但是从现实来看，还有一部分教师对《课程标准》的重视程度不够，没有真正认识到《课程标准》的价值与意义，在教学中依然固守老方法、旧理念，难以适应新时期教育的新要求，影响学生全面发展，特别是影响学生语文素养的提升。那么如何运用《课程标准》指导当前的小学语文教学？

一、认真学习《课程标准》，转变教学理念

当前小学语文教学中，还有相当一部分教师运用经验主义理念开展教学，在教育“惯性”下坚守原有的教学模式，在新教材调整后依然使用教科书和教学参考的模式进行教学，坚持“知识本位”思维，死板地教教材，对于学生综合能力的提升、学生主体地位的发挥关注不够，导致课堂教学低效，不利于学生语文核心素养的培养，更与当前倡导的素质教学要求相背离，必须做出调整，转变教学理念。

良好的语文素养是学生学好其他课程的基础。教师要认真学习《课程标准》的基本理念，面向全体学生，使学生获得基本的语文素养；正确把握语文教育的特点，关注其人文性、实践性和基础性，这实际上是在原有三维教学目标基础上的进一步升华，反映了时代需求。

教师要注重开展自主、合作、探究式学习，更好地发挥学生的主体地位，努力建设开放、富有活力的语文课程，培养学生适应其成长需求和未

来社会需要的必备品格和关键能力。学校可以从学生实际出发建设课程体系，使语文课程教学能够与时俱进。《课程标准》反映了新时代对小学语文教育教学的新要求，教师要认真研读《课程标准》和解读资料，把握《课程标准》的新理念，从而有效指导教学。

二、坚持以学生为中心，树立正确的育人观

传统教学理念下更加强调“知识”或“考试成绩”，在语文教学中形成了教师完全操控课堂、学生被动学习的局面，对于学生的评价也更多看分数，而忽略了学生在学习过程中的表现及发展潜力。

《课程标准》提出：“义务教育语文课程围绕立德树人根本任务，充分发挥其独特的育人功能和奠基作用，以促进学生核心素养发展为目的，以识字与写字、阅读与鉴赏、表达与交流、梳理与探究等语文实践活动为主线，综合构建素养型课程目标体系；面向全体学生，突出基础性，使学生初步学会运用国家通用语言文字进行交流沟通，吸收古今中外优秀文化成果，提升思想文化修养，建立文化自信，德智体美劳得到全面发展。”

三、重视教师素质的提升，提高教研能力

教师是新课改下课堂教学的主导。教师为主导是为了让学生有效地学，如何促进学生有效投入语文学习，这对教师自身素质有很高的要求，教师要重视提升自身素质。学校要重视《课程标准》背景下的教师培训，组织教师定期开展与之相关的活动，使教师高度重视《课程标准》要求，从思想上领悟《课程标准》的精神。

教师要重视常规教研活动，教研就像“医生会诊”，对教学活动的有效实施进行全面评估，也是提高教学质量和促进教师成长的重要途径。《课程标准》的新要求，内容是固定的，但是教师要深度挖掘其内涵。教研的过程就是相互学习、思维碰撞的过程，教师只有在碰撞中凝聚集体的智慧，吃透《课程标准》，才能够在教学中落实《课程标准》的新要求。

四、优化教学方法，提升教学实效

教学有法而教无定法，《课程标准》为如何开展小学语文教学活动提供

了一些建议，特别强调要充分发挥师生双方在教学中的主动性和创造性，因为教与学是一体的，他们之间高度契合，才能够实现教学相长的良好效果。

在教师方面，教师要在《课程标准》指导下研究教材，合理应用教材，敢于结合《课程标准》、学生实际对教材内容进行整合，特别是要利用好新的小学语文教材内容丰富的特点，把基本字词、语言积累和表达写作全面纳入其中，利用好语文学习园地的积累与扩展功能，真正以培养学生素养为目标进行教学。教师要重视教学情境的创设，针对小学生知识积累较少、思维方式直观具体的特点，给学生创设多样化的情境，利用多媒体辅助学生进行学习；也可以根据小学生爱玩的天性把游戏教学法融入其中，调动学生的参与热情。

在学生方面，教师要给予学生必要的学法指导，除基本的语文学习要求之外，更要多给学生传授方法，培养学生的自主学习能力。针对个体学习存在的不足，积极开展小组合作学习，在尊重学生意愿的基础上，采取“组间同质、组内异质”的方法划分小组，调动学生主动参与语文学习的热情，激发学生的内驱力。

五、完善教学评价体系，关注学生的全面发展

《课程标准》强调的语文核心素养，主要包括四个方面：语言建构与运用、思维发展与提升、审美鉴赏与创造、文化传承与理解，具体到小学语文教学中就是要做好语言、思维、审美与文化四个维度的内容。这些素养不是短期或显性呈现的，也不是只有通过考试才能呈现出来的，因此，教学评价体系需要结合《课程标准》的新要求进行调整和完善，以学生的全面发展为目标进行有效评价，实现以评促教、以评促学的效果。

在评价主体上，应把教师评价和学生评价结合起来。教师评价更多地侧重于从教师角度对学生做出的观察和了解。学生评价涵盖学生自评和学生互评两部分，让学生在评价的过程中能够实现自我反思，同时也能看到其他同学身上的优点，实现学生整体素质的提升。在评价内容上，应把过程评价和结果评价结合起来。特别要重视过程评价，全面评估学生的发展

潜力，充分发掘学生潜能。在结果评价方面，教师既要关注学生的考试成绩，也要关注学生在每一堂课、每一次作业中的表现，防止学生产生功利心理。

六、结语

《课程标准》指导下的小学语文教学面临着新变化和新挑战，教师要在思想上重视、在行动上落实，在《课程标准》指导下不断优化语文教学，为学生未来的学习和成长打好基础。

核心素养视角下的小学语文教学策略

随着时代的发展与进步，传统的灌输式教学策略已不适应当前教育教学的需求，我们需要更加注重学生课堂主体性的发挥。基于此，小学语文教师应当主动更新教育观点，认识到“以生为本”是必须坚持的教育理念，依据此理念展开教学策略分析，促使学生积极主动地参与课堂教学，使学生对语文学科产生兴趣，使小学语文课堂教学取得令人满意的效果。下面，笔者结合自身教学实践经验，对核心素养视角下的小学语文教学策略进行论述。

一、开展合作学习，培养学生的语言建构与运用能力

在“以生为本”教育理念的影响下，学生的课堂主体地位得到了广大教师的充分肯定，而培养学生的语言建构与运用能力需要一个民主和谐的课堂环境。基于此，小学阶段的语文教师可以开展合作学习，在课堂教学中发挥学生的主体作用，使学生产生高涨的学习热情，促使学生以愉悦的心情融入知识与技能的获取过程中，培养学生的团结协作能力，促进学生适应社会生活，发展学生的语文核心素养，提升语文课堂教学质量。

比如，在《巨人的花园》这篇课文的教学实践活动中，首先，笔者从尊重学生出发将学生划分到不同的学习小组并向学生分发导学案，助力学生了解这篇课文是英国作家王尔德写的一篇童话故事，调动学生学习童话故事的经验。其次，笔者要求学生合作探讨文中人物态度发生变化的原因，激发学生的阅读兴趣，培养学生合作交流的能力，给予学生恰当的点拨，使学生感受与大家一起分享快乐的意义，促使学生感受童话故事的魅力。再其次，笔者通过课件出示情景图，让学生运用语言分析图中的人物，从

而锻炼学生的实践应用能力。最后，笔者引导学生整理学习内容，要求学生发挥自身的想象力进行故事续写，与学生共同探讨课堂的学习体会。这样，笔者营造了学生所向往的民主和谐课堂气氛，以合作模式进行授课，引发了学生参与课堂教学实践活动的积极态度，有效倡导了新课程改革背景下所提出的“以生为本”的教育理念，有效实现了学生语文学科核心素养的发展，切实达到了提升语文课堂教学质量的目的。

二、提出合理问题，促进学生的思维发展与能力提升

合理问题的提出对学生的思维发展与能力提升有着积极的促进作用，新时期的语文教师不能一直持续运用应试教育理念下的“题海战术”，否则会加剧学生的畏惧心理，给学生造成巨大的学习压力，发展学生的语文学科核心素养势必会幻化为泡影。因此，新时期的小学语文教师需要具备素质教育理念，主动养成了解学生认知能力的习惯，始终保持对教材的深入研究，保证所提问题的合理性，进而使学生以活跃的思维理解所学内容，提高学生的阅读水平，使学生具备解决语文问题的思维能力，促进学生语文学科核心素养的发展，提升小学语文课堂教学效率。

比如，在《飞向蓝天的恐龙》这篇课文的教学实践活动中，在教学初始环节，笔者在课件上展示了各种恐龙和鸟儿的动态画面，对学生提问：“大家通过观察能够说出它们的哪些特点呢?”这样有利于锻炼学生的口头表达能力，引入学习目标，为学生以活跃的思维高效获取语文知识与技能做铺垫。然后，笔者根据学生认知水平和教材内容继续引入合理问题，使学生了解这是一篇科普类的文章，激发学生热爱科学、探索科学的兴趣。之后，笔者要求学生有条理地复述恐龙飞向蓝天的过程，让学生体会课文中词句表达的准确性，增加学生对课文内容的熟悉程度。最后，笔者帮助学生对所学内容进行整理，要求学生将不理解的地方大胆提出来，根据学生所提问题进行有针对性的知识反馈，组织学生之间互相交流学习收获。这样，笔者通过提出合理问题，使学生以主观能动的态度融入课堂实践活动，培养了学生的语文学科核心素养，提高了学生的阅读理解能力，取得了较好的课堂教学效果。

三、借助信息技术，培养学生的审美鉴赏与创造能力

信息技术已经在国家提出“科教兴国”战略以后被逐渐应用到课堂教学实践活动中，新时期的小学语文教师要充分珍惜信息化时代可以利用的丰富的教育资源，将信息技术与教学内容有机融合，借助信息技术开展课堂教学实践活动，以求在充满诗情画意的课堂中让学生感受语文学科的魅力，促使学生充满兴趣地参与语文教学活动，实现培养学生审美鉴赏与创造能力的目的。

比如，在进行《秋晚的江上》这首现代诗歌的教学时，首先，笔者对学生说道：“巧妙运用文字，以意象组合向人们传递难以诉说的情感的，莫过于诗人。”笔者为学生简单介绍诗人刘大白，借助信息技术营造了秋晚江上的美丽景色，播放诵读音频，使学生初步感受诗歌的语言魅力。其次，笔者在信息技术的辅助下引导学生有感情地诵读诗歌，通过抓住诗歌意象引导学生对优美语句进行分析，使学生了解诗歌的意蕴。最后，笔者引导学生归纳学习内容，通过信息技术展示优美的秋景图，并给学生布置课下的诗歌创作作业，让学生之间互相交流学习的感受。这样，笔者借助信息技术进行授课，创建了充满和谐气氛的课堂环境，使学生以浓厚的学习兴趣融入课堂教学，令学生的审美鉴赏能力与创造能力得到了培养，切实发展了学生的语文学科核心素养。

四、联系现实生活，提升学生的文化传承与理解能力

近年来，国家愈来愈重视传统文化教育，并以实际行动为传承与弘扬优秀传统文化增添助力。新时代的小学语文教师应该了解语文学科教学实践活动在传承与弘扬优秀传统文化方面有着得天独厚的优势。语文教师应认识到传统文化与现实生活的紧密联系，从而在教学实践活动中联系现实生活，激发学生积极的学习情感，增强学生的学习动力，达到提升小学语文课堂教学效率的目的，让学生感受到中华文化的源远流长与博大精深，培养学生的文化自觉和文化自信，以达到促进学生语文学科核心素养全面发展的目的。

比如，在进行《九月九日忆山东兄弟》这首古诗的教学时，首先，笔者为学生介绍了作者王维的生平，通过介绍创作背景与学生展开关于重阳节的交流互动，从而形成融洽的师生关系，调动学生的生活认知经验，使学生了解古诗词是基于现实生活中的真实体验进行创作的，由此在课堂初始环节渗透中华传统节日与古诗词文化。其次，笔者引导学生正确、流利、有感情地对古诗进行吟诵，让学生感受古诗的韵味美和意境美，从现实生活的角度帮助学生理解“异乡”“异客”“倍”等字词的含义，使学生充分感受诗人独在异乡思念亲人的情感。最后，笔者拓展了关于重阳节的古诗词，让学生进行积累，对学生提出了课下深入研究的期望，让学生之间就自己的学习收获进行交流。这样，笔者通过联系现实生活展开课堂教学实践活动，有效渗透了优秀传统文化，使学生以强烈的情感体验收获了语文知识与技能，促进了文化传承并提高了学生对文本的理解能力，切实达到了发展学生语文学科核心素养的目的。

综上所述，小学语文教师要让自身的教学思想跟上时代的发展，创设更多优质的教学策略，如开展合作学习、提出合理问题、借助新技术、联系现实生活等，促使学生保持学习语文知识的积极态度，使学生的语文学科核心素养得到良好的发展，从而使小学语文课堂教学能够取得理想的效果。

到底如何才能上好语文课

教师应该无理由地上好每节课，语文教师也应该无理由地上好每堂语文课。那怎样的语文课才算好课呢？笔者认为，能引人入胜，耐人寻味，甚至让人有身临其境之感的语文课就是好课。因为这样的语文课如同一首余音未尽的情歌，一幅意境悠远的风景画。那么，教师如何才能上好语文课呢？

一、教师具备过硬的个人素质

常言说得好，要给别人一碗水，自己要有一桶水。这虽然是一个比喻，但不难看出教师为了更好地完成教学任务，必须永不停息地汲取知识的有益“养分”，这无形中就要求教师多读书、读好书、多学习、精学习。教师应读好的专业书刊，订阅一些语文杂志，多观摩一些优质课，多了解语文教学的最新动态；一旦教学需要，即可信手拈来。

二、深钻细研，精心备课

教师必须花时间去深钻细研，精心备课。因为清晰、理性的思考和有计划的整体安排，是一堂课能取得教学实效的根本保障。备课不仅仅是完成教案而已，更需要认真钻研教材，搜集多方面的素材、范例，了解学生的个性特征，因材施教，并寻找合适的教学思路和教学方法。

教师首先要备课本，吃透文本。课前必须对所教的内容进行深钻细研，对本课的教学重点、难点烂熟于心，精心设计一些问题，既要通俗易懂又要突出重点、突破难点。教师还要正确把握作者遣词造句之意、段意及文章的中心，以便更好地引导学生去感悟文本，去充分运用所学的东西，进而使学生更好地思考和解决课后练习题，并使学生很好地融入本堂课的教学之中，最终达到既培养学生语感、发展学生思维，又提高学生语言表达能力的目的。

其次要备学生。根据学生年龄、性格、接受能力等特点，教师应进一步按学生实际来创造性地使用教材，以便提高教学效果。对存在个体差异的学生进行个别辅导，并全面地对所有学生预设合理的思考题。只有这样才能比较有效地上好一堂课。

最后就是备教法。虽说教无定法，但教学有法，一旦随心而教，收效就会甚微。在教法的选择上，要能给足学生时间去探讨学习，来充分体现学生的主体地位，从而激发学生的学习兴趣，引导学生自主积极地去思考、去发现、去表达。教师要努力优化课堂，提高课堂教学的实效性。

三、教师要能主导课堂

教师的每一堂课要面对的是学生，而在大力倡导师生平等、民主、和谐，尽可能发挥学生主体性的今天，教师无法预知课堂教学中会产生什么新问题，学生互动时会发生什么变化。这就要求教师在教学过程中采用灵活多变的方法，巧妙处理各种突发问题，真正在教学中很好地提升课堂主导能力。在语文教学中，要重视学生别出心裁的想法，不轻易否定学生的解决方案，还应鼓励学生从不同的角度分析问题、解决问题。在课上及时对学生所发现的问题予以肯定，他们就能信心倍增地投入到学习中，还会从中感受到学习的无尽快乐，进而在自主探索的学习中得到全面发展。

四、教学重在育人

课堂教学永远蕴含着重要的教育性。以《钓鱼的启示》教学实践为例，当教师问到“小男孩将平生钓到的最大的一条鲈鱼放了，你有什么看法和想法?”时，有的学生说应该放掉，因为捕捉鲈鱼的时间未到；有的学生说鲈鱼也是一条鲜活的生命，应该放掉；有的学生说鲈鱼不太好吃，应该放掉；还有的说不该放掉，因为小男孩从来都没有捕到过这么大的鲈鱼！学生们观点各异，此时教师应及时指点，引导他们分辨什么是真、什么是善、什么是美，从而帮助他们从小树立起正确的人生观、价值观，让他们懂得在当今纷繁复杂的社会中，面临形形色色的诱惑时，要能约束好自己。如若人人都能随时关注关心身边的人和事，能时刻反省自己的所作所为，面对各种诱惑时能保持清醒的头脑，这就是上好语文课的核心。

搞好语文教学其实就是搞好育人。全国著名特级教师王崧舟认为："一堂好的语文课，存在三种境界：人在课中、课在人中，这是第一种佳境；人如其课、课如其人，这是第二种佳境；人即是课、课即是人，这是第三种佳境。境界越高，课的痕迹越淡，终至无痕。课的最高境界是无课。"①无课，也就是感觉不到自己在上课。在课堂上，师生都进入了忘我的境界，也许在上课，也许当时的课堂就是真实的生活，忘了生活，忘了时空，忘了身份，课即是人，是现实……

由此看来，上好一堂课不是只争朝夕的事情，它需要教师不停地去探究、去总结，不断地朝着新的境界去努力奋斗。

---

① 潘天正编著：《小学语文课程教学原理》，合肥工业大学出版社，2012 年，第 380 页。

激励性评价语言在课堂教学中的魅力

德国教育家第斯多惠说："教学的艺术不在于传授本领，而在于激励、唤醒、鼓舞。"① 课堂上，教师是引导者、点拨者、鼓舞者、激励者。教师对学生学习的某一特定过程或特定结果给予鼓励和正面评价，对学生的学习活动及时给予恰当的表扬、赞许，可以强化学生的自信、自爱、自持的信念，增强学生的成就动机，激发他们学习的积极性、主动性。新课程标准要求教师在教学中面向全体学生，突出学生的学习主体地位，倡导对学生进行发展性评价，以激发学生的积极性，提高学生的自信心。要使学生在心理上获得自新、自信和成功的体验，激发学生的学习动机和学习兴趣，进而使学生积极主动学习。因此，在语文教学中有效运用激励性评价语言是非常有必要的。下面，笔者结合平时的教学实践谈谈对激励性评价语言运用的一些体会。

一、把握时机，运用激励性评价语言

教师课堂评价的时机把握是十分重要的。如果把握不好，会影响评价的结果，甚至适得其反。因此，评价时机应选在学生真正感到教师可亲、可信赖之时，选在师生情感在教育空间弥漫之时。

1. 及时评价，捕捉闪光点

激励性评价的目的是使学生产生学习的兴趣，适应素质教育的需要，面向全体学生的每一个方面，让学生生动活泼地发展。激励性评价要面向全体学生，在课堂教学中，针对学生的学习态度、学习习惯、学习方法、

① 第斯多惠：《德国教师培养指南》，袁一安译，人民教育出版社，2001 年，第 3 页。

学习能力等进行激励性口头评价。《义务教育语文课程标准（2022 年版）》指出："课堂教学评价是过程性评价的主渠道。教师应树立'教—学—评'一体化的意识，科学选择评价方式，合理使用评价工具，妥善运用评价语言，注重鼓励学生，激发学习积极性。"并且还指出："课堂互动中，教师要关注学生知识基础、认知过程、思维方式、态度情感等方面的表现，深入分析这些表现及其影响因素，及时给予有针对性的指导。"激励性评价也要关注学生的个体差异。教师要找准每位学生的"最近发展区"，个性化地对学生的学习表现做出积极的评价。

"除非经常给小学生以适当的表扬和鼓励，否则要他们只为最终奖励而长期努力是不可能的。小的但又经常的表扬，比大的但极少的奖励更具诱因价值。"① 因此，教师一定要注意在课堂上运用激励性评价语言，给小学生以及时的、适当的表扬和鼓励。

2. 延缓评价，发展思维空间

延缓性评价将评价权利还给学生，让学生去发现、去分析、去论证。在教学中，教师对学生正在讨论的问题，不能立即给予肯定或否定的评判，而应以鼓励的行为方式或语言，让学生畅所欲言，然后选择一个恰当的时机说出自己的见解和主张。每当一种意见提出时，教师都可以请学生给予评判，他们或分析，或争论，或同意，均让学生自己来处理。在学生解答问题时，教师对学生的评价不是按标准答案，而是用语言提示鼓励学生运用发散性思维，激发学生的独创性；对学生理解不正确或不完善的地方，教师根据学生的错误或遗漏所在，补充设问，点拨学生，引发学生的讨论和深入思考，让学生在不断的争辩中深化认识，经历一个自悟自得的创新过程；在学生理解不够准确，表达不够完整时，教师可以运用反问，使学生对自己的认识产生疑问，引起思考，进行比较，进而排除谬误，获取真知。

3. 多角度评价，改进学习方法

得到激励是每个学生都期盼的，特别是学习上有困难的学生，对激励

---

① 管建平主编：《来自"新时代"的课程改革自述》，中西书局，2015 年，第 371 页。

的渴望更加突出，这时教师就要发挥好激励和引导的作用，帮助学生跨过自己心理上的“坎儿”和思维上的障碍。在实施激励性口头评价时，要用发展的观点，去评价学生的任何一个方面的进步，无论其现状何等不理想，离教育目标有多远，教师都应该通过评价肯定学生，鼓励学生不断进步、不断发展。教师要从多个角度去发现学生的闪光之处，使课堂口头评价在尊重、宽容和等待中进行，在欣赏、发现和激励中进行，在和谐、主动和引导中进行。

二、营造氛围，善用激励性评价语言

教学是一种沟通的艺术。教学需要在特定的环境中进行。营造宽松、民主的评价氛围是实施激励性口头评价的重要前提。真正的教学过程应是学习主体（学生）和教育主体（教师、环境）交互作用的过程。只有在宽松、民主的环境系统中，才能激发学生评价的兴趣和动机，增强学生主动参与评价的自信心，使学生以愉悦的、高涨的情绪积极投入到课堂评价之中。在宽松的环境中，教师还要多鼓励，激发学生参与学习的积极性。在这样轻松、平等的学习氛围中，在教师不断的鼓励下，课堂也就变成了另外一番风景：学生的思维活跃起来，回答问题个个把小手举得高高的，学习的动力也更足了，更愿意接受教师的评价，参与同教师、同学的互动评价也就更积极了。

三、规范言语，妙用激励性评价语言

人类的沟通与合作是以语言为媒介的。所有的学科教学都是一种有组织的社会性沟通现象，都是语言教学。没有沟通与语言的学科教学是不存在的。激励性评价语言也是课堂教学语言的一部分。激励性评价语言强调激励性，强调“奠定每一个学生学力成长与人格成长基础”。但激励性并不等于无原则。激励性评价语言要求准确、规范和个性化。准确，是指评价语言要引导学生做出正确的价值判断，当学生的认知出现错误时，教师、同伴等要引导其不断提高认知水平，做出正确的价值判断。规范，并不是现今小学课堂教学中僵死的、程式化的所谓“激励性口头评价”，诸如“嘿嘿，你真棒”“答得好，表扬他”之类。个性化，是指教师要针对被评价者的个性及价值客体的特点，做出具有评价者自身特点的语言评价。教师使用激励性评价能够反映出学生学习的成就和进步，激励学生的学习；诊断出学生在学习中存在的问题，调整和改善教学过程；帮助学生认识到自己在学习策略、思维或习惯上的长处和不足。激励性评价的最终目的是使学生形成正确的学习预期，形成积极向上的学习态度。

四、掌握艺术，巧用激励性评价语言

评价是一门艺术，评价的最终目的是促进学生的发展。因此，我们在进行课堂评价时应注重评价的艺术性和实效性。巧妙有效的评价才能对学生的发展起到最大的推动作用，反之则会影响到学生的进步。评价的艺术有很多，例如延时评价、赏识评价、期待评价、包容评价、亲近评价等。教师只有抓住时机，差异对待，灵活运用，才能使评价发挥最大的功效。激励性口头评价要根据学生不同的个性、气质、特点、学习水平，因人而异，因时而异，因境而异，做出有针对性的、艺术性的评价。这样才有利于学生对评价的认同和接受，有利于学生个性的发展和潜能的激发。在课堂这个小世界里，应当让不同的学生全力投入，尽情发挥，获得发展。例如，当学生的想法是有道理的，但表述得不够清楚时，教师可以说：“你的想法很有道理，老师已明白了你的意思，如果说得更明确些，那么大家都能明白你的意思了，试试看。”如果学生的想法是完全错误的，教师可以用委婉的语气说：“看得出，你正在积极思考，但这种结论是错误的。没关系，再想想。”如果有的学生的想法出乎教师的预料，但很有道理，教师可以欣喜地说：“你的想法很有创意。”“你的回答真是太精彩了。”“你的提问很有价值，值得我们好好研究。”只要善于运用语言艺术，课堂气氛就会活跃起来。

总之，教师的语言如钥匙，能打开学生心灵的窗户；如火炬，能照亮学生的未来；如种子，能深埋在学生的心里。正如苏霍姆林斯基所说：“教师的语言是一种什么也代替不了的影响学生心灵的工具。”① 因此，为促进

---

① 苏霍姆林斯基：《教育的艺术》，肖勇译，湖南教育出版社，1983年，第32页。

学生终身发展，教师应从内心深处欣赏每一位学生。在课堂教学活动中采用激励性评价的策略是多样的，只有教师把口头语和体态语恰当、灵活地有机结合，学生的个性化思维、情趣才能有张扬的空间，学生才能获得一种自我满足与成就感。教师要使学生在获得知识的同时体验理解、信任、友爱、尊重和鼓舞。教师应鼓励学生勇于创新，并在失败面前不气馁，促进学生全面、持续、和谐地发展。

谈谈教学中学生“情感态度与价值观”的引导

“情感态度与价值观”作为课堂教学“三维”目标之一，是一种既不能量化，也不可能有规范的方式方法去实现的教学目标。教学中这一目标的实现，全在于教师的引导。教师只有努力提升自己的专业素养，才能有效引导学生，才能全力应对学生“情感态度与价值观”的挑战。

在一次校内公开课上，一位教师教完《狐狸和乌鸦》一文后，提出了这样一个问题：你觉得这是一只怎样的狐狸？多数学生说这只狐狸很狡猾、很坏。但也有学生说这只狐狸很聪明，会想方设法达到自己的目的。还有一个学生说这只狐狸很有耐心，很有毅力，一次不成功还会再来一次。同学们七嘴八舌，吵成一片。显然，课堂生成超出了教师的预设，教师不知所措，在下课铃声中不了了之。

很显然，文本的意图是让学生认识到狐狸的狡猾，告诉学生不要听信甜言蜜语，要谨防上当受骗。但“狐狸很聪明”“狐狸很有毅力”是学生阅读后“情感态度”的生成，是学生“独有的感受体验和理解”。如果教师断然否定，显然扼杀了学生这种“独有的感受体验和理解”，只能与新课程教学理念背道而驰。即使用“理解有创新”“见解真独特”“说得有道理”等或表扬或不置可否的话搪塞，也达不到价值引导的要求。

语文教学的实践告诉我们，课堂中教师对学生“独有的感受体验和理解”给予适时适度的引导，是很有必要的。一方面，学生的价值判断尚不成熟，对生活中“善、恶、美、丑”的判断缺乏应有的经验。另一方面，学生的“感悟”与约定俗成的观点或价值判断大相径庭。这就需要教师进行引导。基于语文多元性及教学多元解读的需要，教师也不能因此忽略教学中必要的价值引导。

一、引导要借助“对话”来实现，切忌生硬的问答和武断的讲解

教学中的“对话”是在民主、平等、互助、包容、坦诚、共享的氛围中生成的。对话者应相互尊重、相互倾听，彼此敞开心扉，真诚肯定对方、赏识对方、悦纳对方，共享知识、经验和智慧。教学中的“对话”主体是平等的、民主的，彼此是合作的、共享的，气氛是轻松的、融洽的，心态是敞开的、接纳的。如果教师板着脸，带着恼怒去问，效果只会更糟。如果一旦学生的感悟及体验与约定俗成的情感态度与价值观相背离，教师就进行批评或者以责备的口吻反问，那么学生不但不会接受教师的思想，还会产生抵触心理，与预定的目标越走越远。

当然，教学中的对话是不可能不发问的，关键是教师要问得巧妙，问得和颜悦色、循循善诱，给学生以探讨的感觉，让学生觉得教师的引导是与学生一起分享彼此的思考、经验和知识，从而达成共识、共享、共进的目的。教学实践和经验告诉我们，如果离开学生的认知水平和已有的情感体验，教师只传授自己的结论，情感态度与价值观层面的体验就无从谈起。

可以说，“情感态度与价值观”的引导，是一种体验与反体验、说服与被说服的过程，是一种在体验的基础上让学生心悦诚服的过程。

二、新课程的教学过程是学生自主探究的过程，也是教师引导的过程，教师必须通过有效的交流完成必要的引导

教师在指导学生自主、合作、探究地学习的同时，也不能忘掉自己作为引领者的身份。没有教师的引领，教学就会黯然失色，教师的引领能保障教学活动的价值取向，能保障课堂教学的效率和质量。新课程背景下的课堂教学是师生“两代人”以信息为背景、以语言等媒介为中介所进行的一种沟通。教师与学生凭借各自的经验，用各自独特的精神表现方式，通过心灵的对接、意见的交换、思想的碰撞，实现知识的共同拥有与个性的全面发展。这其实也是一个引导的过程。没有引导就没有对接、交换和碰

撞。教师通过对话力图使学生接受约定俗成的情感与价值观，而学生也会凭借自己独特的认知去挑战约定俗成的情感与价值观。这种挑战与引导的碰撞，就会放射出“知识在对话中生成、在交流中重组、在共享中倍增”的光华。如果削弱教师的引导作用，学生的活动将向无序化发展，甚至偏离探究的主题，严重影响教学质量。

当学生说“狐狸很聪明”“狐狸很有毅力”时，教师可以通过层层设问引导学生继续建构：狐狸想得到的肉是它应该得到的吗？乌鸦的肉是自己找来喂孩子的，是劳动所得，而狐狸想法骗取，这是一种什么行为？这种不劳而获的可耻行为手段越高明、越有耐心不是说明狐狸越狡猾、越无耻吗？面对这样的行为，你会采取什么态度呢？这样学生会明白，聪明的方法和毅力要用在做正当的事情上，如果用在干坏事上，越聪明、越有毅力就显得越道德败坏、越可耻。这样，学生就能领悟到文章体现的人文精神，真正拥有学习的主动权，而不是因为教师的引导就失去了主体地位。

三、重视课堂教学中“预设”与“生成”的矛盾统一，教师要具备应对这一矛盾的心理素质和能力

一般来说，只要精心预设课堂教学目标，有效组织教学过程，教学任务就会如期完成。但教师的智慧也不是无限的，那些“不曾预约的精彩”也常常会打乱教师的方寸。教师课前只预设了“狐狸是狡猾的”这一生成，当学生说“狐狸很聪明”“狐狸很有毅力”的时候，教师就显得不知所措了。教师课前只预设了“掩耳盗铃，自欺欺人”这一生成，当学生说“那个人的行为是一种创新”的时候，教师也就不知道该怎样指导学生将成语的含义内化了。

在新课程背景下，教师必须“蹲下来和孩子说话”，甚至要有当“学生”的心理建设。教学中的意外生成具有很强的探究性，教学价值很大，教师如能加以巧妙利用，有效指导，就会取得事半功倍的效果。在这里，“名师”与“庸师”高下立见。当学生产生一些新奇的想法时，“庸师”会认为打乱了自己的教学计划，占用了自己的教学时间，进而断然喝止。而“名师”则会耐心倾听，适时抓住这难得的机会，用心交流，适度点拨，做

巧妙的正确引导，使学生不断地自我建构、自我觉醒，从而达到情感体验的目的。

应对来自学生知识和能力、情感态度与价值观的挑战，教师还需要不断提高自身的应变能力。当教学中的“意外”发生时，一方面，教师一定要保持冷静，要有自控能力。针对“意外”事件发生的原因，教师需要在短时间内进行调查分析，做出准确的判断，并预想不同的处理方法和可能产生的后果，从而做出正确的选择。另一方面，教师要本着因材施教的原则，当即转变教育目标或教育角度，变指令为参谋，变对立为友善，变贬抑为褒扬，变直截了当为迂回。总之，教师要避其锋芒，欲扬先抑，欲进先退，变换角度，以智取胜。

四、打破教材的束缚，注重认识和思维的多样化

注重认识和思维的多样化是新课程的重要理念。为此，新课程教学提倡和强调学生对文本的多种解读、对问题的多样解答和对情景生活的多种体验感悟。教学中，教师不能只停留在对教科书表面的结论和说明的表述上，而是要进一步深入下去，挖掘和提示这些表面结论和说明的产生与形成的思维过程，并在教学中引导学生将思维深入到知识的发现或再发现的过程中去，不要惧怕学生的突发奇想。当这种“意外”生成出现时，教师要及时抓住时机，引领学生去体验、感悟、表达，去自我建构、自我觉醒。即使不能当堂解决，只要把它交给学生作为进一步探究的命题，教学也不意味着失败。

对课堂教学中学生“情感态度与价值观”体验的引导而言，建立自主、合作、探究的学习方式是前提，教师提高自身的专业素养，打破教材的束缚，在教学中做必要引导是关键。只有教师做好“情感态度与价值观”的引导工作，学生高尚的道德情操、健康的审美情趣和积极的人生态度才能逐步形成。

用爱点燃“问题学生”的心灵

一提起“问题学生”，每个教师都感到头痛。在每个班或多或少都有“问题学生”的存在。笔者经过长期观察，发现“问题学生”都有共同特征：胆子大、爱逞能、讲义气，但是做事和学习都马马虎虎、得过且过。日复一日，年复一年，如果教师不对“问题学生”加以正确的引导，他们就会产生很大的思想问题。教师应从发现他们身上的每一个闪光点开始做起，在他们的生活和学习上都予以帮助，为他们创造一切可能展示自己才能的机会。经过长期的教学实践，笔者摸索出以下几个帮助“问题学生”走出困境的要点。

一、尊重学生

教师应当公平对待每一个学生，尽力用自己的心血呵护每一个学生，要尊重他们的存在，不能辱骂或体罚他们。

教师应当将心比心：如果班上的“问题学生”是我们自己的孩子，我们自己会怎样对待呢？谁不愿意让自己的孩子出人头地？为此，教师要尊重“问题学生”，善待他们，正确、耐心地引导他们，使他们能和其他学生共同进步。

二、从爱入手

爱护学生是教育学生的前提，爱能点燃学生自尊心的火花。老师的真诚爱护和信任，能使“问题学生”受到鼓舞，能激励其上进，这是教育“问题学生”成功的最重要一点。爱能消除儿童的戒心和对立情绪。有各种不良行为的学生，由于所受批评指责较多，往往对老师存有戒心，产生害怕、抵触等情绪，这种情绪只有老师的爱才能消除，只有消除了他们心理上的这些障碍，他们才能听得进去老师的话。爱能建立亲密无间的师生关系，便于老师了解情况，对症下药。师生有了感情，学生会把老师当作最知心的亲人，甚至对老师无话不谈，这样老师就能深入了解他们的内心世界，便于有的放矢地教育“问题学生”，进而取得较好的效果。

三、树立自信

一个人拥有充足的自信心，对于克服艰难险阻非常重要。培养“问题学生”的自信心就显得尤为重要。这就需要教师拥有善于发现的双眼。

无论是课堂上还是课堂外，无论是劳动中还是文艺演出中，无论是在学校还是在家中……教师都应当注意观察，抓住他们身上的每个闪光点，发现他们的细微进步和优点，及时地在全班予以表扬或奖励，以培养他们的自信心。例如，笔者对一位“问题学生”进行仔细观察，发现他特别讲义气，在学生中间有很高的号召力。于是，笔者对症下药，与学校少队辅导员取得联系把他破格晋升为少队副大队长。结果效果特别显著，他积极参与少队工作，无论执勤还是检查卫生，无论举办文艺演出还是参加集体劳动，凡是有学校集体活动的地方都有他忙碌的身影。通过在少队的锻炼，他变得特别关心班集体。看到他的进步，笔者及时在班级乃至全校师生面前提出表扬或给予物质奖励。从此他像变了一个人似的，改正了以前的一些不良习惯。有了老师和同学的理解与肯定，他的自信心倍增，也爱学习了，经过两年多的努力，他以优异的成绩跨入了中学的校门。

四、梯度管理

在班级管理及平常教学中，教师不应用条条框框来过多地约束“问题学生”，可以采用梯度管理的方法来管理教育他们，对待好学生是严中更严，对待“问题学生”是“政策宽大”。这里所谓的“政策宽大”就是指不搞一刀切的平均主义。如在学习当中，教师应根据学生作业的难易程度、学生智力的差异，按每个学生的具体情况，给他们布置不同类型的作业。优等生做有一定难度的练习题，中等生做一些不太难的题，学困生做一些基础练习题。又如当有学生犯错误时笔者一改往日请家长或当着全班同学的面点名批评的做法，而是采用错误预演法等，让犯错误的学生作为一个旁观者来评价类似错误出现的影响，让他认识到类似错误的危害性，再进行说服教育。这样既解决了问题，又不伤害学生的自尊心。

五、“里应外合”

在对“问题学生”进行教育的过程中，教师和家长应经常联系，双方配合不容忽视。学生生活的环境离不开家庭和学校，在学校自然有老师关照，可一回到家有些“问题学生”就不那么自觉地写作业、听家长话，因此，还需家长和教师的大力配合。教师应挤出时间家访，针对学生的一些近期表现与家长进行交流，以便更好地了解学生。如笔者班上有这样一位“问题学生”，学习成绩很差，平时身上的钱特别多，经常去网吧上网。问他钱从哪儿来，他支支吾吾不肯说实话。更可气的是他把请同学上网作为报酬，让同学替他写作业。笔者及时和他的家长取得联系后，方知原来他的家长都是做生意的，平时忙于生意，而忽略了对孩子的教育，只是给孩子更多的钱花，结果这些钱使他误入歧途，害人害己。针对这种情况，笔者和家长共同制定对策，让做水果生意的爸爸领着孩子卖一周水果，干最苦最累的活，体会每一分钱的来之不易。结果一周下来他彻底地反省了，认识到原来父母每挣一分钱都是多么不容易。从此，他不但改掉了沉迷上网的不良习惯，而且在学习上取得了很大进步。

六、定期评议

在转变“问题学生”的过程中，笔者还采取了定期对比、评议的方法，以便更快地转化他们。每隔三周时间，笔者利用开班会的机会，对每个“问题学生”在各方面的表现进行对比、总结，肯定进步，指出不足，提出今后的奋斗目标，让他们发扬优点，克服不足。定期做好每位“问题学生”的分析、对比、评议工作，对提高“问题学生”各方面的素质有着不可估量的作用。

总之，转变“问题学生”的工作任重道远，教师应端正态度，视每个“问题学生”为自己的孩子，去善待他们，尽心呵护他们。

用“心”谱写爱的乐曲

著名教育家陶行知先生说过：“真教育是心心相印的活动。唯独从心里发出来的，才能打到心的深处。”① “转化学困生”这首曲子就要用“心”谱写。

一、用“心”谱写“宽容”之曲

古人云：“海纳百川，有容乃大。”教师作为人类灵魂的工程师，太需要这种宽容之心了。因为世上没有完全相同的树叶，更没有完全相同的人，每一个孩子都具有他的个人特点，或者聪明或者笨拙，或者文静或者调皮，或者有一技之长或者没有，但他们都是可爱的孩子。尤其是学困生，他们也同样有着进取心，同样渴望进步和成功。教师应该用“心”谱写“宽容”之曲，给他们更多的关爱，真诚地关注他们的成长，容忍他们的幼稚行为，肯定他们的点滴进步。经过努力，他们最终也会学有进步、学有所成的。例如，笔者班上的一名学生，口头表达能力还可以，可就是不愿做书面作业，笔者屡次督促，总不奏效。于是，笔者对他采用了宽容的教育策略，暂时减免他的书面作业，但同时明确规定，口头作业一定要不折不扣地完成，他欣然答应。从那以后，他在课堂上朗读来劲了，发言积极了，背课文总冲在前面。笔者看他有了兴趣，又及时鼓励他读一些课外书。慢慢地，他的语文整体素质提高了许多。之后，笔者就试着给他加一点书面作业，在笔者的面对面鼓励督促下，他基本能完成。新年新学期，笔者继续努力，给他更多的关爱，在“宽容”这道菜中加入了一点“严”，要求他完成课堂书面作业。没想到在笔者的严格要求下，半个学期以来，他已基本能完成

① 陶行知：《陶行知 中国教育改造》，吉林出版集团股份有限公司，2017 年，第 137 页。

课堂作业，课外作业也能完成一大部分。

二、用“心”谱写“忍耐”之曲

高楼大厦平地起，是一块块砖垒起来的；一个学生的思想进步、学习成绩的提高也是循序渐进的，而且还会有反复，有曲折。因此，教师必须用“心”谱写“忍耐”之曲，对学困生要真诚地帮助，耐心地辅导，要常抓不懈。只有持之以恒，学困生转化工作才会有起色。

例如：笔者所带班上的一名男生，识字和写字能力不足，读短短的一段课文，总会遇到一串不认识的字，默写十个生字也对不了两个。写字时严重抠笔，握笔姿势错误，难以纠正，勉强写的字也无法让人看明白。针对这种情况，笔者先教他写字，要求他认认真真地写，写得能让别人看得清、认得出。适当减免他的书面作业，还利用休息时间，一笔一画地教他写字。尽管他进步很慢，但经过一个学期的努力，他写的字总算能让人看清一些了，他也学会了不少生字，期末考试书面成绩也有了一些进步。新学期，笔者继续努力，在他能把字写清楚的基础上，又提出了写字速度方面的要求，经过半个学期的努力，他已能轻松地完成一部分书面作业了。

又如：笔者所带班上的一名女生，上课很认真，眼睛紧紧盯着老师，生怕漏听一个字。但学习成绩仍然很不理想，每课听写生字正确率很低，背课文也很难完成。为了改变她学习落后的状况，笔者因材施教，从最简单的字词抓起，从朗读课文抓起，减免那些对她来说要求过高、毫无效果的作业，对她所做的作业坚持面批。笔者还教给她一些识记生字的科学方法，常常和她一起分析课文内容，理清文章层次，引导她多读多背课文。现在她学习起来轻松多了，学习效率也有了很大的提高。笔者深信只要把她的基础打牢了，她的学习成绩总会提高的，上学期期末考试，她的成绩第一次突破及格线。在新学期里，这名女生对学习很有信心，笔者趁热打铁鼓励她朝着更高的目标——良好挺进。

三、用“心”谱写“欣赏”之曲

心理学认为，人性中本质的需求是渴望得到尊重和欣赏。在教育实践中，人们常常发现，学生的一手好字得到老师的赞许、一技之长得到肯定、一篇作文得到鼓励、一次作业得到表扬，乃至老师一个肯定的手势、一次期望的目光，都会给学生留下深刻的印象。学困生也不例外，从某种程度上说，他们更渴望得到老师的欣赏。教师更应用“心”谱写“欣赏”之曲，强化他们的自信、自爱、自尊，使之化成一股强劲的内驱力，推动他们积极健康地发展。

笔者所带班上有一名女生，语文基础很差，思维能力也比较弱。通过一段时间的观察，笔者发现她自尊心特别强，于是就想方设法鼓励她。写字进步了，奖给她一颗星；读书、背书表现好了，也奖给她一颗星；作文进步了，又奖给她一颗星……欣赏，激发了她的学习热情；欣赏，使她养成了自觉的学习习惯；欣赏，培养了她顽强的学习毅力。而且，她这股强有力的劲头始终没有松懈下来，她的学习成绩直线上升，人也显得灵气多了。况且她不但学习努力，还时常主动地参与班级管理工作，表现出了极强的责任心。新年新学期，笔者推选她为语文课代表。果然，半个学期以来她学习的劲头更足了，工作从没出过差错。

四、用“心”谱写“精诚”之曲

泰戈尔有句至理名言：“不是槌的打击，乃是水的载歌载舞，使鹅卵石臻于完美。”① 教师要用“心”谱写“精诚”之曲，给学困生以深切的关怀、不倦的教诲，使他们像“载歌载舞的水”一样，渐渐克服自卑心理，扬起希望的风帆，挖掘自己的潜能，不断进步。

例如：笔者班上有一名学生患有多动症，上课时一刻不停地做小动作，且不愿意动笔写字。笔者没有急于求成，而是耐心地找他谈心，通过谈话了解到他的家庭情况。原来他父母离异，父亲常年在外面打零工，父子很少见面，母亲虽关心孩子，可由于孩子的“不争气”，也已心灰意冷。了解到这些情况后，笔者对“症”下“药”，要孩子有信心，先得让他母亲树立信心。于是笔者多次把他的母亲约来，和她谈心，分析孩子的情况，笔者对她说：“你的孩子天赋并不差，学习存在困难的原因主要是学习习惯不

① 泰戈尔：《泰戈尔诗选》，郑振铎译，山东文艺出版社，2020年，第34页。

好，只要我们互相配合，狠抓他的学习习惯，一定会有起色的。”听了笔者的分析，那位母亲的眼里闪出了一点希望的光芒。于是笔者从自身做起，每天督促这个孩子做作业，使他从不做到能做一点点，从做一点点到能做一小部分。为了使那位母亲刚刚燃起的一点希望不破灭，笔者几乎天天与她联系，谈谈孩子的表现和进步。笔者的努力感动了这位母亲，一天，她给笔者写来了一封热情洋溢的感谢信。从此，她更加注重对孩子的关心和辅导，即使加夜班回来，也不忘检查孩子的作业。就在大年初三，这个孩子主动打来了电话，向笔者保证一定完成寒假作业，笔者也及时给予了他信任和鼓励。这说明孩子已由被动变主动，已有了自我超越的信心，这对苦心教育他的教师来说难道不是莫大的欣慰吗？新年新学期，这个孩子在笔者和母亲的鼓励下基本能完成作业，尽管他还有这样那样的缺点，但他正在努力，成功在向他频频招手。

梁启超先生说过：“用情感来激发人，好像磁力吸铁一般，有多大分量的磁，便引多大分量的铁，丝毫容不得躲闪，所以情感这样东西，可以说是一种催眠术，是人类一切动作的原动力。”① 在四五十人的班集体中总会有学困生，只要老师用博大的爱心去感化他们，用极大的热情去关心他们，用细致的耐心去辅导他们，找准他们的“最近发展区”，因材施教，他们总会有所长进的。谱写“转化学困生”这首曲子尽管很“心”苦，但看到孩子们的进步，教师们的心也能得到安慰。

① 梁启超作；王楠总主编：《怡情之美：梁启超美学精选集》，吉林人民出版社，2021 年，第 12 页。

让学生在赏识、期待中前行

——浅谈班主任人格魅力对学生的教育作用

笔者从教二十多年，与班主任工作有着不解之缘，可怎样做好学生的教育和管理工作，却时常令笔者感到头痛。班级管理作为一种教育管理艺术，值得我们在教育实践中探讨。下面，笔者结合班级管理中的一些具体案例，就赏识、期待的班主任人格魅力对学生的教育作用谈谈自己的看法。

案例1 “打卡”现象带来的收获

2010年3月，笔者接任三（3）班的班主任。开学不久，班上男同学中间悄然兴起了“打卡”（用扑克牌大小的硬纸片互相扑打，以打翻对方卡片而赢取卡片为胜）热，每到课间，男同学便在室内外玩得火热。“打卡”虽然对学生身心健康并无大碍，但长期玩，势必影响学习，也给学习环境制造了许多垃圾（破损的卡片常被学生随意丢弃），一些学生甚至不惜花掉自己的零用钱去买卡片。作为班主任，面对这种现象，是置之不理呢，还是刹住这股“歪风”呢？

解铃还须系铃人。一次语文课上，笔者检查学生掌握词语的情况，要求学生用练习本来听写，一名男生忘带练习本，他随手拿出了几张自己玩过的卡片来写。“唉，这不是卡片的妙用吗？”笔者心想，“何不让学生利用卡片来摘抄一些好词佳句和精彩片段呢？”笔者当即表扬了这名男生妙用卡片的做法，并指出了“打卡”给生活环境带来的危害。后来，班上的男同学照着这名男生的样子，把自己平时玩的卡片收集起来，摘抄了不同的内容：有的根据卡片上的人物，写上了描写人物性格、意志的词语；有的根据卡片上的风景，摘抄了描写风景的优美句子；还有的画上了精美的图案，并配上说明文字。“打卡”的现象也在不经意间销声匿迹了。看着学生把一张张卡片变废为宝，笔者不禁感到由衷的高兴。

是啊！班主任如何发挥自身的人格魅力来教育和引导学生，是对班主任自身修养和工作能力的考验。布鲁诺曾说：“一味地挖苦、贬低，会导致孩子的反抗，反对父母，反对学校，或者反对整个世界。”① 班主任要发挥自己的聪明才智，坚持从正面教育、引导学生，对学生循循善诱，使他们知错改错，从而达到润物无声的教育效果。班级管理中，如果班主任一味地对学生的不良行为进行强制打压，讽刺挖苦、贬低学生，不但不能使学生的不良行为有所收敛，反而会使学生产生抵触心理，教育效果也大打折扣。

案例2 “绰号”风波引发的启示

有一次，笔者评讲单元测试卷，试卷中有这样一道题：给“日”字加上一笔，使其变成不同的新字。学生争先恐后地说出了“甲”“申”“由”“田”“旧”“旦”“目”七个字。当笔者问还有没有其他新字时，教室里一时变得鸦雀无声。

“老师，有，还，还有一个‘白’字。”笔者循声望去，只见平时不爱说话的马××站了起来，用近似口吃的语气说。

“二百五啊！”“原来是二百五！”好几个胆大调皮的学生转过头去，对着墙角的马××吵开了。

“谁是二百五啊？”笔者大声问。“当然是马××啊！”学生异口同声地回答说。

“好一个二百五啊！你回答了其他同学都不能回答的问题，老师为你感到高兴，老师还真希望咱们班多几个这样的二百五呢！”笔者接过学生的话风趣地说。

---

① 阿迪力·穆罕默德主编：《关于教师的格言》，新疆美术摄影出版社，新疆电子音像出版社，2010年，第202页。

教室里顿时安静了下来，只见刚才喊“二百五”的学生向马××投去了异样的目光。

下课后，笔者通过与学生的谈话得知，因为马××同学曾把一道数学题的结果错算成了250，同学们便都管他叫“二百五”。

“绰号”风波虽然过去了，但它引发的是笔者对班级管理方法的新思考，是对做人方法的抉择。在教育实践中，当我们面对学生的点滴成功和过错时，是欣赏学生的点滴成功，还是批评、训斥他的过错呢？“欣赏者心中有朝霞、露珠和常年盛开的花朵，漠视者冰结心城，四海枯竭，丛山荒芜。一个人都是有血、有肉、有灵魂的，他们的身上同样散发着不同的美，每一种美好的品质都是诱人的。无论任何时候，只要你学会用欣赏的眼光去看待世界，看待周围的人，你便会更坦然地面对一切了。”① 作为教育者，我们当然选择前者。选择了前者，就是选择了美丽的朝霞，晶莹的露珠，鲜艳的花朵；就是选择了我们眼中一个个幼小的牛顿、达尔文和爱因斯坦；就是选择了教育的一把金钥匙。我们何乐而不为呢？

案例3 “迟到”行为的新期待

“迟到”是学生在校常发生的行为现象，具有不同人格魅力和管理风格的班主任，对待学生的“迟到”行为，处理方法也不尽相同，取得的教育效果也就大相径庭。

记得有一次快要过新年了，为了开好班级新年庆祝会，笔者让每一名学生自己找材料，制作一件新年礼物，在庆祝会上送给班里要好的朋友，并要求学生不能拿钱去买。任务布置后的几天，笔者竟然没想到班里接二连三地出现了“迟到”现象，平时不大发生的事情，怎么这些天就赶上了呢？笔者真有些纳闷：“是不是学生的迟到和我布置的任务有关系呢？我得弄个究竟。”

不知不觉到了新年庆祝会那天，在欢快友好的气氛中，同学们拿出了自己制作的贺卡，准备送给要好的朋友。当庆祝活动步入高潮时，笔者走

① 叶舟主讲：《在北大听解脱之道》，广西科学技术出版社，2007年，第41、42页。

上讲台，对着全班学生说："其实，老师在新年有一个愿望，就是想听听同学们的心里话，你们想说给老师听吗？""想呀！"学生异口同声地说。

"好啊！许××，你先说吧！"

只见许××拿着自己做的贺卡，三步并作两步地跨上讲台，对着大家说："老师，其实那天我迟到，是因为我弄丢了贺卡上小兔子的'眼睛'，我去找了，后来找到了，请老师原谅。"

笔者接过许××手中的贺卡，那是用白绒线贴成绒毛，用小金点镶上眼睛，小巧玲珑，栩栩如生的一只小兔子。

"多可爱的小兔子！你可真用心做了，老师当然会原谅你的。不过，老师期待着你在新的一年里有更优秀的表现呢！"笔者举起贺卡，对着全班同学说。这时，班里响起了雷鸣般的掌声。

…………

后来，这个平时不爱做作业的许××，居然像换了另外一个人，作业交得格外积极，尽管书写不大整齐干净，但还是比以前有了很大进步。

苏霍姆林斯基说过："教育技巧的全部诀窍就在于抓住儿童的这种上进心，这种道德上的自勉。要是儿童自己不求上进，不知自勉，任何教育者就都不能在他身上培养出好的品质。可是只有在集体和教师首先看到儿童优点的那些地方，儿童才会产生上进心。"① 教育的真谛难道不是这样吗？学生作为班集体中富有活力的个体，在心理上往往具有被集体容纳、认可、赏识的内在需求。一旦学生的优点和成功得到集体和老师的认可，学生便会产生强大的情绪力量，促使其向前发展。作为班主任，"请你记住，无论如何不要使这种内在的力量消失，缺少这种力量，教育上的任何巧妙措施都无济于事"。班主任要抓住学生的这种心理特点，利用好赏识、期待的人格魅力来充分做好每个学生的教育工作。

只有班主任用赏识、期待的人格魅力教育引导学生，学生才能不断前行。班主任需要俯下身子，耐住性子，运用自己的聪明才智和人格魅力，对学生进行"春风化雨，润物无声"的启发和诱导，从而达到理想的教育效果。

---

① 苏霍姆林斯基：《要相信孩子》，汪彭庚译，教育科学出版社，1981 年，第 7 页。

浅谈一年级新生入学教育

一年级小学生正处于一个从幼儿园步入校园的重要转折和适应时期。在幼儿园，他们的活动以游戏为主。进入学校后，学习将会成为他们的主要活动，这给孩子的心理与行为都带来了重要影响。而小学生的学习行为又同其他行为方式（如生活习惯）有着密切的联系，它不仅对学习的本身，而且对学生道德品质及心理的和谐发展都会产生一定的影响。因此，一年级是良好习惯养成的关键期。

教师应该怎样把握好这一关键时期？教师向学生传授文化知识固然是重要的，但是更重要的是对学生进行习惯养成教育，这将会对他们的学习质量、道德品质、能力的培养和今后的发展起着决定性的作用。著名教育家叶圣陶先生就说过这样一句话："教育是什么？往简单方面说，只需一句话，就是要养成良好的习惯。德育方面，要养成待人接物和对待工作的良好习惯；智育方面，要养成寻求知识和熟习技能的良好习惯；体育方面，要养成保护健康和促进健康的良好习惯。咱们社会主义社会的教育，就是要使学生养成在社会主义社会里生活的一切良好习惯。"① 那要如何把握呢？笔者觉得教师的榜样作用是至关重要的。教师是人类灵魂的工程师，是学生（特别是低年级小学生）的崇拜对象。榜样示范作为一种良好的教育方法，对于小学阶段的学生是很直观、有效的。教师在学校里的所有表现都在学生的心灵深处写下了一页，学生在校耳濡目染地感受教师的一言一行，并且模仿教师的言行。教师如何在短期内让学生养成一系列的良好习惯呢？笔者认为，要重视孩子刚进入小学这个关键期。

---

① 朱永新编：《叶圣陶教育名篇选》，人民教育出版社，2021 年，第 58 页。

一、行为规范的养成

1. 课堂行为习惯的培养

（1）上课：预备铃声响，学生就要坐在位置上，准备好这堂课要用的书本和文具。上课铃声一响，学生就要立刻安静下来，等候教师上课，当教师宣布上课时，全班应迅速肃立，向教师问好，待教师答礼后，方可坐下。学生应当准时到教室上课，若因特殊情况，不得已在教师上课后进入教室，应先轻轻敲门，得到教师允许后，方可进入教室。开学的第一个星期，学生还不能适应这样的上课方式，经常是铃声响了很久，还有学生在室外玩耍，进班级也是急匆匆地闯进来。这个时候，教师可以观察表现好的学生，上课之前先表扬他们，并且当着全班孩子的面给他们发小红花。这样坚持一段时间后，绝大部分孩子已经能够按照要求做到了。

（2）听讲：在课堂上，要认真听教师讲解，注意力集中，独立思考。当教师提问时，应先举手，待教师点到自己的名字时才可站起来回答。发言时，身体要立正，态度要落落大方，声音要清晰响亮。一堂课 40 分钟的时间对于一年级新生来说有点难熬。只有教过一年级新生的教师才知道，课堂中最难的莫过于让学生集中注意力，让全班的孩子们集中注意力上完一节课是件比较困难的事。上课时，总有学生在做一些如玩手、玩橡皮、看小人书等与课堂无关的事情。面对这样的情况，教师首先得让学生明白课堂上的一些常规，在课堂中坚定不移地执行，并尽可能多设计一些与学习有关的游戏、故事、竞赛来提高和维持孩子们的注意力，只要学生有进步，就应该积极地表扬。让孩子们集中注意力是一项长期的工作，教师应做好“打持久仗”的准备。

（3）下课：开学初期，学生一听到下课铃声就坐不住了：有的开始收拾东西，有的和周围的同学说话，有的做好出去玩的准备。于是，笔者要求他们，听到下课铃响时，若教师还未宣布下课，学生应该安心听讲，若是忙着收拾书本或把桌子弄得乒乓作响，是对教师的不尊重。下课时，全体同学仍需起立，与教师互道“再见”。待教师离开教室后，学生方可离开。经过教育，孩子们在遵守这些纪律方面，有了非常明显的进步。

2. 课外行为习惯的养成

开学初，教师就要在晨会和班队会课上和学生一起学习《小学生日常行为规范》和《小学生守则》，并让他们自己讨论在公共场所要如何做，怎么样保护公共财产。让全班学生都当班级管理员，定期通报在这方面表现好的孩子，发给他们小红花。坚持一段时间后，大多数学生都能做到自律。看到有表现不好的学生，有的孩子也能勇敢地上前制止他们的不良行为。

3. 卫生行为习惯的培养

一年级新生刚跨入小学，对小学生活比较陌生，再加上他们好动、好奇，在行动上比较自由、散漫，要他们在短期内达到规范要求是一个很大的难题。要如何才能让他们快速接受并形成良好的卫生行为习惯呢？笔者觉得身教这种教育方式比批评、责骂和训斥效果好得多，能达到无声胜有声的教育境界。例如：在培养学生良好卫生习惯的过程中，笔者先制定了“小岗位责任制”，要求事事有人做、人人有事做，使每一个学生明确自己的岗位责任。但是他们毕竟年龄小，一些学生贪玩又不自觉。笔者又选出了责任心强的同学当组长检查卫生情况，把前后桌的同学分为一个卫生组，选出小组长不定时地检查卫生保持情况。笔者还规定，下课去上厕所前，先把抽屉里和座位周围的纸屑放入纸篓中。有时，走进教室，看到地上的纸屑，笔者就不动声色地把它们捡起来放到垃圾桶里；地上脏了，笔者就主动拿扫帚扫干净；桌面脏了，笔者就自己擦一擦；桌椅歪了，笔者自己排一排……久而久之，学生在无声的身教下，潜移默化地受到了感染。由于班级人数多，桌凳相对也多，可是凳子放在外面既不整齐也不安全，因此，从开学的第一天，笔者就要求学生做到：人走凳子就要放在桌子底下。由于大家的共同努力，现在，笔者所带班级的教室能做到地面整洁、桌椅整齐，即使有时不小心掉下些许纸屑或有些地方脏了，学生们也会主动捡起来或自觉打扫。在这样整洁的环境中，学习也是一种乐趣。

4. 其他行为习惯的养成

集会是学校经常举行的活动。由于参加者人数众多，又是在正规场合，因此，要格外注意学生在集会上的行为表现。以升旗仪式为例，举行升国旗仪式是对儿童和青少年进行爱国主义教育的重要方式。可是对于一年级新生来说，升旗仪式是个很陌生的概念。于是，笔者就在爱国主义教育中，告诉学生升旗的意义和重要性，并教给他们升旗应做到的一些要求。有一个学生，由于父母长期不在身边，平时都由奶奶管教，奶奶的文化水平不高，对其行为习惯的培养有些放松，因此他的自控能力特别差，小动作不断。在集会这样特殊的场合，他的行为就特别容易引起别人的注意。周围的小朋友对他的意见也很大。于是，集会时笔者就特别留心观察他的表现，发现他有做得好的地方就在回班后大力表扬他，同时在私底下指出他的不足之处。这样，集会的时候他表现得更好了，其他孩子也受到其感染，在集会的时候懂得了该怎样做，班级的集会纪律因此改观了不少。

二、学习习惯的养成

对一年级小学生而言，除抓好行为规范外，学习习惯的培养更是不可忽视的一项重任。学生学习习惯的好坏，直接影响到整个班级的班风。学生的学习习惯是在长期学习生活中逐渐养成的不容易改变的行为习惯，好的学习习惯能促进学生更加积极向上，更加勤奋刻苦地学习。

1. 常规学习习惯的培养

一年级学生的常规学习习惯包括上课习惯、课前准备习惯、作业习惯、预习和复习习惯，以及文具的整理习惯和使用习惯等。笔者在开学初首先对学生进行了具体的学习行为训练。如在训练学生上课发言举手时，告诉学生为什么上课发言要举手，再进行示范练习，要求人人掌握规范的举手姿势、发言的体态及声音的高低。其次，以编儿歌的形式使学生在轻松愉快中养成习惯。如在训练学生课前静息、按时上学和认真完成作业时，把要求和方法编成儿歌指导学生。儿歌的内容是：“上课铃声响，快步进课堂，悄悄静息好，等着老师把课上。”“早上起床，穿衣叠被，洗脸刷牙，快快吃饭上学去。”“本子到，垫字板，拿起笔，细心做作业。”又如，在训练学生摆放和整理学具时，让学生演示一般的顺序和方法，掌握步骤，同时把文具摆放的位置，也通过儿歌的形式教给学生。儿歌的内容是：“书包抽屉放，书本放桌上，今天用的文具、书，昨晚就放书包里。”最后，注意良好习惯形成后的巩固。这是一个重要环节，从心理学的角度看，学生对技能会产生遗忘，因此，反复抓，抓反复，成为班主任的一项重要工作。笔者在这一阶段，多以比赛、竞争、争夺小红花等形式来巩固学生的良好习惯。学生逐步养成良好的学习习惯，班风、班容也能得到改善。

2. 特殊学习习惯的培养

各个学科都有各自的特点，因此，教学的方法、学习的方式也各不相同。那么学习这些学科的习惯也就不同，可以称之为“特殊的学习习惯”。就拿语文学科中的书写习惯来说，这是低年级学生应养成的特殊但又非常重要的学习习惯。教师不仅要指导学生如何握笔、运笔，而且应教会他们写字的顺序和正确的看书、写字姿势。课堂教学中，教师还应当注意板书的字体整体美观；课堂内外，教师要认真倾听学生，同时目视学生，引导学生产生情感共鸣；教师要时刻注意自己在课外专心读书读报，把书中、报上有趣的故事或新闻告诉学生，使学生产生浓厚的兴趣，渐渐地，他们的学习习惯就养成了。同时，班主任在和科任教师长期相处中，逐步知道了各科教师的具体要求。科任教师需要什么，有什么要求，班主任都应做到心中有数，提前布置，回家准备，课前检查。慢慢地，学生也养成了习惯。班主任善于抓“特殊习惯”的培养，有利于与各科教师形成教育合力，共同促进学生良好学习习惯的养成，从而也有助于班风、班容的整体改善。学生应逐步将好的学习习惯内化，使之成为稳定的学习品质。这需要一个长期的过程。但只要教师能遵循儿童身心发展规律，从小行为入手，从低年级开始训练，学生良好的学习习惯就一定能养成。

三、重视一年级新生的家长会

良好的开端是成功的一半。第一次家长会不仅是家长与教师的见面会、学校情况的介绍会、新生入学要求会，也可以促进教师和家长对家教知识的传播交流或对孩子入学前后教育问题的共同探讨。一年级新生的家长对于小学的学习生活也是陌生的。孩子上了小学后，家长常常会碰到很多问题。所以，教师应高度重视一年级新生家长会。在会上，适当地向家长们介绍幼儿园和小学生活的不同之处，向他们介绍从幼儿到小学生这一过渡时期孩子会出现哪些心理、行为、适应能力、智力等方面的变化，可以采取什么样的教育措施来应对。教师应让家长尽早与学校教育达成统一战线，使孩子尽快融入到校园生活中来。

另外，教师和家长要多交流、沟通，教师在孩子没开学前，可通过家访或电话联系的方式了解孩子以往的学习经验、性格特点等，以便有针对性地帮助孩子尽快适应小学的学习生活。入学教育对孩子来说不是小事，也不是两节课就能完成的，教师也不要操之过急，要采取科学稳妥的方法，学生有进步及时肯定，多鼓励、多表扬，学生才有成就感。只有通过循序渐进的训练和培养，孩子们才能更快地适应小学生活，并为将来的学习和生活打下坚实的基础。教师要多动脑，采用孩子乐于接受的方式方法，让每一个刚入学的孩子尽快适应学校生活，进而成为自我管理、自我约束的小主人。

信息技术在小学语文教学中的魅力

随着信息技术的迅猛发展，信息技术在教育教学领域中的应用越来越广泛。从最初的视听技术的运用到目前计算机的广泛普及，传统的直观教学方式已拓宽为多种媒体的教学方式。运用信息技术辅助语文教学，不仅能多渠道地刺激学生的感觉器官，而且能使教学内容化静为动、化难为易，突破学生对学习时空的限制，激发学生的主体意识，从而提高学生的素质，最大限度地提高课堂教学效率。下面，笔者结合自己的教学实践就信息技术与语文教学的优化试作阐述。

一、利用信息技术，画龙点睛突破难点

信息技术在综合处理和控制语言、文字、声音、图像等方面具有高超的能力，运用这一特有功能，可以变抽象为具体，变静态为动态，从而化枯燥为生动，化静为动。学生在学习语言文字过程中的障碍就是教学的难点，利用信息技术，就能帮助学生解除抽象思维、逻辑思维、语言理解表达方面的困扰，使教学中的难点得以顺利突破。

《白杨》是一篇借物喻人的抒情散文。作者通过赞美白杨树，讴歌了边疆建设者扎根边疆、建设边疆的奉献精神。课文虽然篇幅不长，却构思精巧。作者通过对白杨树的赞美歌颂扎根边疆、建设边疆的建设者，歌颂他们无论在怎样艰苦的条件下都能像白杨树那样坚强、不软弱、不动摇的崇高品格。这既是教学的重点，又是学生学习的难点。另外，这篇文章是作者 20 世纪 60 年代初创作的作品，现在的小学生对那时的社会背景很陌生，这就给本文的学习加大了难度。为了在课堂教学中突出重点、突破难点，笔者是这样做的：

首先，利用“戈壁滩上的白杨树”的录像突出教学重点。教学中首先让学生了解白杨树的特点。当学生通过自学、讨论体会了白杨树“高大挺秀”的外形特点和“生命力顽强”的品格特点后，教师播放自制的第一段录像——《戈壁滩上的白杨树》。画面上，一排排高大挺拔的白杨树，直插蓝天，在漠漠黄沙中呈现出蓬勃的生命力。学生在学习感悟、想象语言文字的基础上，看到这样富有震撼力的画面，直观地验证了白杨树的特点，同时，所配的优美音乐使学生进入一种美的情境。接着，笔者再指导学生有感情地朗读课文，学生就自然而然地入情入境了。

其次，利用“建设者建设新疆及新疆变化”的录像突破教学难点：了解新疆建设者的品格，发现白杨树与建设者的共同点。当学生通过查找资料和交流，初步了解一些新疆建设者建设新疆的事迹后，教师再播放这段录像，学生看到边疆建设者艰苦创业的情景和新疆翻天覆地的变化时，心中充满对建设者由衷的敬佩之情。同时，学生也发现了建设者与白杨树的共同点：扎根边疆，建设边疆。

最后，利用“文字片”和“图文片”巩固教学难点。在学生通过对比发现了白杨树与建设者的共同点后，教师用自制的“文字片”出示“爸爸”说的话，请学生朗读，使学生进一步理解“爸爸”所说的话的深刻含义：借对白杨树的赞美来表达对边疆建设者的赞美之情。然后，教师再出示“图文片”，本片中的文字部分还是“爸爸”的话，背景部分的图片共6幅，上面3幅展现白杨树在戈壁滩上防风固沙的景象，下面3幅展现建设者辛勤劳动的情景。“爸爸”的话有两层含义：既赞美白杨树高大挺秀、生命力顽强的品格，又赞美建设者不畏艰苦、扎根边疆、建设边疆的精神。学到这里，可谓水到渠成，学生终于明白了作者的写作意图：借物喻人，借赞美白杨树赞美边疆建设者。

从《白杨》一课的教学中不难发现：信息技术之所以能在语文教学中起到画龙点睛的作用，正是因为它要解决的问题往往是教学中的重点、难点，是借助其他教学手段难以取得最佳效果的部分。

二、利用信息技术，品词赏句体味语言美

古诗用词非常精练，一字一词都经过作者的千锤百炼，因此，抓住重

点字词分析理解诗意，是古诗教学的重点和难点。传统的古诗教学采取的大多是“串讲法”。教师一人唱独角戏，不利于学生情感、体验的交流，不利于激活学生的思维。而多媒体能克服时空限制，通过形、声、光、色等形式，将抽象的语言文字转化为直观、形象、具体的视听文字，这样有利于学生抓住“诗眼”，反复推敲、理解、体会语言文字的妙处。如教学《泊船瓜洲》一诗，引导学生理解“春风又绿江南岸”一句时，为了使学生更好地领悟“绿”字的精妙，笔者用多媒体展示江南的春日美景，那一幅幅花红柳绿、草长莺飞的江南春色画面将学生带入特定的语言环境中，学生们细细地品味诗的语言美，而且很快领悟到了“绿”字的神韵。“绿”字既涵盖了“满”“入”“过”的意思，又突出了东风催春势不可挡的盎然生机。实践证明，在古诗教学中，应充分发挥信息技术传递、变动、再现的作用，从而调动学生的各种感官去体味诗的意境美、音乐美、艺术美，将学生带入古诗所描绘的境界中，产生强烈的美感效应。

三、利用信息技术，提供自悟的氛围，激发学习兴趣

感悟是学生深入理解课文的中介，是衡量学生是否读懂课文的重要标准。如果学生对语言文字的感悟仅仅停留在层面上，那么这种感悟是浅层次的、不完整的。网络的交互性使学习者不再是信息的被动接收者，而是信息的发送者，为学生的自悟提供了生动活泼的学习氛围。教师应引导学生在充分“感知”的基础上，提炼出重点问题进行研读，而后进行网上交流。学生可以按照自己的兴趣、能力来安排学习方式和内容，从而最大限度地发挥学习者的主动性。

例如，学习《圆明园的毁灭》一文时，学生首先进入校园网站，输入关键词“圆明园”，启动搜索引擎，在网上进行搜索。然后，学生打开相关网页进行浏览，把自己感兴趣的内容发送到编辑区。接下来，学生点击编辑区进行信息整理。学生对搜集到的信息进行加工处理，形成自己的观点，再把它发送到讨论区，使学生个人的劳动成果成为共享的知识资源。最后，学生点击讨论区就可以进入课堂讨论阶段。这时，学生可以浏览学习其他同学搜集整理的信息，并进行讨论、交流，激起许多思维的火花。通过学

习、交流，学生对圆明园昔日的辉煌、过去的耻辱、今天的现状有了一个全面深刻的了解，还激发了热爱祖国的思想感情和振兴中华的责任感。在此基础上，笔者提出“你读懂了什么？你从中体会到了什么？”等问题，让学生再读课文。因为有了知识的储备，学生学习的难度大大降低，学习的兴趣更加浓厚。

四、利用信息技术，唤起学生的情感体验

要想使学生得到更多的艺术享受，教师必须对作品进行鉴赏，在深入文章挖掘情感因素的基础上，抓住语言训练重点设计教学，有效地引导学生进入作品所描绘的情境之中，感受语言文字所提供的情感信息。如在教学《月光曲》一文时，笔者用多媒体播放贝多芬的《月光曲》，让学生在《月光曲》的情境中欣赏、品味课文，激发学习的欲望。课文重点段落内容含蓄，笔者用精心制作的软件，把宁静的大海、皓洁的月光、轻纱似的微云、狂风巨浪、雪亮的浪花展现在学生面前。

当笔者播放贝多芬的钢琴曲《月光曲》时，优美的曲调、清新的旋律立刻吸引了学生。随着逐步展示的直观画面和乐曲的节奏变化，学生眼前出现了一望无际的大海。笔者伴随乐曲的进行，运用富有感染力的语言讲道：现在我们所听到的是钢琴曲——《月光曲》，他的曲作者是被人们称为“音乐巨人”的德国著名音乐家贝多芬，他的父亲是一位宫廷歌手，他自幼就受到音乐的熏陶，对音乐产生了强烈的兴趣。由于家境贫寒，贝多芬 11 岁就被送到一座剧院的乐队当演奏员，22 岁时他来到了音乐之乡维也纳，从事教学和创作活动。他的音乐作品反映了资产阶级反封建、争民主的革命热情，表现了追求“自由、平等、博爱”的思想。随着教师的讲解，学生领悟到了贝多芬遇知音时的激动，对盲姑娘兄妹俩的同情，以及对不平等的社会制度的愤恨。

五、利用信息技术，激发学生的写作乐趣

在作文教学中，教师不难发现有许多学生怕写作文，写作文时常常敲额头、皱眉头、咬笔头，好半天也开不了头，即使写了也是三言两语，无

话可说。在教学中，笔者尝试用多媒体创设情境，在有声大课堂里强化学生的情感体验，激发学生的写作兴趣。古人云："知之者不如好之者，好知者不如乐之者。"有了写作兴趣，产生了写作欲望，才能用心写作。如在母亲节前，让学生写《夸夸我的好妈妈》《妈妈，我想对您说……》等作文。笔者首先让学生聆听《世上只有妈妈好》乐曲，观看影片中的部分片段，那朴实而真挚感人的画面及凄婉动人的音乐强烈地冲击着学生的心灵，学生的写作欲望被激发，纷纷拿起笔，将心中对妈妈的爱尽情地写出来。这样按学生习作的心理特点，适时利用多媒体的形、声、色并茂的特殊功能，调动学生的各种感官，使学生将间接经验内化为直接经验和表象，丰富了写作素材，提高了写作水平。

总之，教育信息技术是小学语文教学的一个重要的教学手段，借助这一手段，可以促进教学思想和观念的转变，引起教学内容、方法、模式的更新，也会形成师生角色的新转化。语文教师要善于利用信息技术辅助教学，为学生的多样化学习创造理想的环境，使课堂真正成为学生认知、探究和解决问题的场所，从而使教学进入最佳状态。